Landschaftskochbuch Ostfriesland

Impressum

Text: Veronika Nölle, Stapelmoor, Mitbegründerin von ONNO e. V., seit Jahren tätig in Projekten zum Thema Ernährungsbildung und nachhaltiger Ernährungskultur.

Fotos: Karlheinz Krämer, Emden, freier Fotograf, Bilder- und Pressedienst.

Gestaltung: Nicolaus Hippen, Aurich, Diplom Designer, Werbeagentur BeBold.

Bibliografische Information der Deutschen Bibliothek
Die Deutsche Bibliothek verzeichnet diese Publikation in der Deutschen Nationalbibliografie;
detaillierte bibliografische Daten sind im Internet über http://dnb.ddb.de abrufbar.

ISBN 978-3-89995-983-3

Gedruckt bei Isensee in Oldenburg

ONNO

OSTFRIESLAND KULINARISCH

Landschaftskochbuch Ostfriesland

REINHARD PFRIEM

Das, was Sie jetzt in der Hand haben, ist auch ein Kochbuch: die Rezepte für die Menüs unserer Gastronomen von OSTFRIESLAND KULINARISCH sollen Sie ebenso zum selber machen anregen wie die vielen kleinen, gerade auch vegetarischen Speisen, die sich mit den Produzenten verbinden. Erzeuger und Gastronomen haben sich bei ONNO e. V. zusammengetan, um die Wertschätzung nachhaltiger, also regionaler, nachvollziehbar gut erzeugter, saisonaler und mit artgerechter Tierhaltung verbundener Lebensmittel zu stärken.

Wir haben den Titel Landschaftskochbuch gewählt, weil wir Ihnen mit diesem Buch mehr präsentieren wollen als eine bloße Ansammlung leckerer Rezepte. Sowieso sind es nicht die eher alten und schweren Gerichte, die Sie in vielen vorhandenen ostfriesischen Kochbüchern finden. Die ostfriesische Landschaft soll Ihnen nicht nur in ihrer vielfältigen Schönheit gezeigt werden. Die Vielfalt etwa der Bodenbeschaffenheit ist auch Grundlage für die Vielfalt guter Produkte, die in der ostfriesischen Region erzeugt werden können.

Dass hier gute Produkte wachsen und gedeihen, geschieht nicht von selbst. Der Untertitel verweist auf eine wesentliche Besonderheit dieses Buches: wir wollen Sie mit den Menschen bekannt machen, die für die Erzeugung und Verarbeitung guter Produkte stehen, die anfänglich oft unter großen Mühen sich darin engagiert haben und engagieren. Sie widerstehen einem Trend zur Verschlechterung von Lebensmittelqualität, zur Gleichmacherei von Lebensmitteln und zur Fast-Food-Gesellschaft. Sie stellen Gutes und vielleicht auch Besonderes für unsere Ernährung zur Verfügung.

Die Art und Weise, wie dieses Buch zustande gekommen ist, ist ziemlich unüblich und darf deshalb nicht unerwähnt bleiben: alle Texte zu Produzenten und Gastronomen beruhen auf ausführlichen Gesprächen, die meine Frau Veronika Nölle und teilweise auch ich geführt haben, und alle Texte wurden mit den Betroffenen nochmals teils aufwendig abgestimmt. So lässt sich ohne Übertreibung sagen, dass dieses Buch auch ein gemeinsames Buch derjenigen ist, die darin versammelt sind.

Als Vorsitzender von ONNO e. V. möchte ich an dieser Stelle vielen danken. Neben Veronika Nölle als Autorin, Karlheinz Krämer als Fotograf und Nicolaus Hippen als Layouter dem Verleger Florian Isensee, der das Projekt vom ersten Tag an, an dem wir zu ihm gekommen sind, mit großer Begeisterung unterstützt hat. Helmut Collmann als Präsidenten der Ostfriesischen Landschaft, der nicht nur ein Vorwort beigesteuert, sondern auch ermöglicht hat, dass wir das Buch in der Ostfriesischen Landschaft erstmals öffentlich vorstellen konnten. Jürgen Garrels, dem Vorsitzenden des DEHOGA Ostfriesland, stellvertretend auch für alle Gastronomen von OSTFRIESLAND KULINARISCH. Und natürlich ebenso allen weiteren für das Projekt engagierten ONNO-Mitgliedern und sonstigen Akteuren, unter denen ich Christine Wölke hervorheben möchte, die eine weitere Buchvorstellung im Fehntjer Forum in Rhauderfehn organisiert hat. Ohne die materielle und ideelle Unterstützung derjenigen, die in diesem Buch versammelt sind, wäre das, was Sie nun in der Hand halten, nicht zustande gekommen. Als Sponsoren sei dabei besonders der Volksbank Westrhauderfehn, der Bünting Unternehmensgruppe, der Nationalparkverwaltung Niedersächsisches Wattenmeer und der AG Reederei Norden-Frisia gedankt.

Nutzen Sie das Buch, um lecker zu kochen, um noch besser die Vielfalt der ostfriesischen Produkte und Gerichte zu erfahren, und vielleicht auch, um die Menschen auf ihren Höfen und in ihren gastronomischen Betrieben direkt kennenzulernen, die in diesem Buch versammelt sind.

Professor Dr. Reinhard Pfriem

HELMUT COLLMANN

Aufgrund dezidierter Südtiroler Marktforschung wissen wir: Landschaften können noch so faszinierend sein, nachhaltige Anziehungskraft für Gäste gewinnen sie erst, wenn ganz andere emotionale Aspekte hinzutreten, die Alltagskultur, Geschichte und Geschichten und – die Menschen selbst. Verwurzeltes rückt die Authentizität in den Vordergrund, wenn man es denn lebt und unverkrampft unterstreicht. Die Alltagssprache, Sitten und Gebräuche und – schlicht gesagt – das, was aus der Region auf den Teller kommt, gewinnen so hohen Stellenwert. Wir tun gut daran, auch unsere regionalen Gerichte in den Vordergrund zu rücken. Zwei Bedingungen sind dabei zu erfüllen: Sie müssen mit hoher Kochkunst und aus regionalen Produkten von bester Qualität kreiert sein. Mittelmaß enttäuscht hohe emotionale Erwartung, der Daumen wird gesenkt.

Die Bedingungen werden im hier vorgelegten „Landschaftskochbuch“ erfüllt, dank intensiver Kooperationen. Südtirol macht vor, wie man dadurch weit nach oben kommen kann. Ostfriesland vermag das als eine eigene Marke auch – authentisch in einer wunderbaren Landschaft mit emotionalen Highlights. Dies Buch bietet sie. Beste regionale, aber zugleich gediegene und exquisite Küche, gefasst in Rezepten von acht wahren Küchenmeistern der Region, wird dem Leser angeboten. Aber nicht nur das. Wer die Speisen der Küchenmeister genießen will, kann endlich auf eine weitere Kooperation bauen, auf die der fünfundzwanzig Produktlieferanten, alle in der Region beheimatet. Die erweist sich als äußerst vorteilhaft für Gäste wie Küchenmeister und ihre Lieferantenpartner. Das gereicht Ostfriesland zum Vorteil. Nachkochen ist angesagt, zumindest in Ostfriesland. ONNO sei Dank!

Aber nicht nur besondere Rezepte aus der exquisiten regionalen Küche machen den Charme dieses Buches aus. Pfiffige Überschriften und ansprechende Fotos wecken die Neugier auf Texte, die sehr spezielle regionale Aspekte beleuchten und alles andere als alltäglich sind. So schließt sich der Kreis in einem Kochbuch, das die Region auf äußerst lobenswerte Weise herausstellt – abseits aller gewohnten und deshalb ausgetretenen Pfade. Die Sehnsucht nach Ostfriesland wird es fördern und alle an diesem Buch Beteiligten in ihrem Tun beflügeln. Dessen bin ich mir sicher.

Helmut Collmann
Präsident der Ostfriesischen Landschaft

Inhalt

DIE FEHNKULTUR

„The Art of Drainage"* – die Kunst der Trockenlegung

Überall in Europa gab es Sumpf- und Moorgebiete, die bis zum 18. Jahrhundert nur an den Randgebieten landwirtschaftlich genutzt wurden. Zwischen Leer und Oldenburg waren sie bis zum 17. Jahrhundert nahezu unbesiedelt. Die abgestorbenen Pflanzenteile der Moore, der Torf, waren getrocknet ein gutes Heizmaterial und so begann man in den Folgejahren Torf abzubauen, nach niederländischem Vorbild Fehn-Kanäle anzulegen und mit flachen Booten das Heizmaterial in die umliegenden Städte bis nach Bremen zu transportieren. Durch die Kanäle hatte man Transportwege, aber auch Zugangswege zu den Mooren geschaffen. Landwege entstanden auf den morastigen Böden erst viel später. Knechte und Mägde siedelten sich mit dem Versprechen auf Eigentum an Grund und Boden an, manchmal war auch die Aussicht auf eine Befreiung von Steuern oder dem Militärdienst ein Ansiedlungsgrund. Die Kolonisten, die sich überwiegend an den Kanälen niederließen, fristeten ein entbehrungsreiches Leben. Der Moorboden war nährstoffarm und erst mit dem Torfabbau wurde der Mineralboden freigelegt. Auf dem sogenannten Legmoor konnte man nur nach entsprechender Drainage Getreide anbauen. So wurde erst für die Nachfahren das Leben erträglicher – „dem ersten Tod, dem zweiten Not, dem dritten Brot", hieß es im Volksmund. Nach der Trockenlegung ließ der Boden erst einmal Schafzucht zu, auch Buchweizen als anspruchslose Pflanze gedieh, dazu allmählich auch Kartoffeln, Roggen und Hafer. Im Laufe der Besiedelung war jedoch die Grünlandbewirtschaftung vorherrschend.

In Ostfriesland waren nach den Eiszeiten große Gebiete mit Moor bedeckt. Zunächst bildeten sich

Veen ist das niederländische Wort für Moor, woraus sich das Wort „Fehn" im Ostfriesischen ableitet

die Niedermoore, die sich auch aus dem Grundwasser mit Nährstoffen versorgen, dann die bis zu 10 Meter hohen Hochmoore, die sich Nährstoffe ausschließlich aus der Luft, den Niederschlägen und dem Flugstaub holen. In Ostfriesland finden sich Überreste von Hochmooren noch beim Ewigen Meer, dem größten Hochmoorsee Deutschlands zwischen den Landkreisen Aurich und Wittmund; Niedermoore finden sich noch im Fehntjer Tief.*

Die Fehnkultur gilt als eine Form der Binnenkolonisierung für bis dahin unbewohnbare Gebiete. Eine wirtschaftliche Entwicklung entstand gerade durch die Kanäle, die als Wasserstraßen einen regen Handel einleiteten, da die morastigen Wege und Straßen die meiste Zeit unpassierbar waren. Blieben die meisten Fehntjer arm, so gab es doch Pioniere, die die Wasserstraßen als Motoren für ihre Ideen nutzten. So der „Ur-Ostfriese Tullum“, Rolf Trauernicht, der über die Wasserstraßen als junger Mann alles mögliche transportierte, vor allem aber Baumaterial, und so als einer der wichtigsten Unternehmer aus dem Fehn aufstieg und einen großen Teil seines Lebens für die Entwicklung Ostfrieslands einsetzte. Nicht nur Teile des Baus der A31 mit von ihm eingeworbenen unternehmerischen Mitteln gehen auf seine Initiative zurück, sondern viele regionale Initiativen zum Wohle Ostfrieslands verweisen auf Tullums Engagement.

BIOLANDHOF FREESE

Smaak van to Huus

Rhauderfehn

Wenn man von Leer über die Felder Richtung Rhauderfehn zum Biolandhof Freese fährt, scheint die Idylle perfekt - Gemüse- und Kartoffelfelder, dazwischen Leguminosen, satte Wiesen mit einer Mutterkuhherde und in der Ferne Gewächshäuser. Auf dem Hof begrüßt die Schäferhündin Anja die Besucher, und im hofeigenen Laden strotzt das Gemüse vor Frische. „Das war alles nicht leicht", so Hilde Freese, die Mutter von Heiko Freese, die zusammen mit Mitarbeitern den Hof bewirtschaften. „Als wir in den 80er Jahren mit den ersten Rindern im Nebenerwerb anfingen, galten wir noch als Exoten. Uns war recht schnell klar, dass wir biologisch wirtschaften wollten. Durch unser Biologiestudium waren uns die Zusammenhänge zwischen einer intensiven Bewirtschaftung und der Umweltbelastung ziemlich deutlich geworden. Außerdem haben wir beim Kauf von Gemüse und Fleisch immer den Geschmack von zuhause vermisst, vom Fleisch aus der hofeigenen Schlachtung oder Obst und Gemüse aus dem elterlichen Garten." Seit 1985 gehört der Betrieb dem Biolandverband an. Die ersten Rinder, ein Gemüsegarten, bildeten den Anfang, 1992 kam ein Stand auf dem Wochenmarkt in Rhauderfehn hinzu, später ein weiterer in Aurich. Als die von den Schwiegereltern verpachteten Flächen nach und nach wieder frei wurden, wuchs die bewirtschaftete Fläche der Familie mit Unterstützung von eingestellten Mitarbeitern und dem inzwischen erwachsenen Sohn Heiko, der die Landwirtschaft quasi mit der Muttermilch aufgesogen hat, langsam weiter an. Inzwischen gehören 35 Rinder in Mutterkuhhaltung, 30 ha Getreide, Kartoffeln, Gemüse, 2 500 qm Gewächshausfläche unter Glas oder Folie und zwei Hofläden, einer davon in der Stadt Leer, zum Betrieb. Die meisten Produkte werden direkt vermarktet, ein Teil geht in den Bio-Großhandel. „Wir waren in den ersten Jahren eine exotische Szene in Ostfriesland, belächelt von den eingefleischten Landwirten. Wir wollten ganz viel gemeinsam erreichen - Erzeugergemeinschaften bilden, gemeinsam vermarkten und, und, und....einiges hat geklappt, manches nicht, die Höfe liegen einfach zu weit verstreut hier in der Region. Wie sollen wir z.B. für ein paar Kisten Gemüse zum Inselanleger fahren? Viele Ideen waren auch einfach zu unausgegoren, um damit genug Ertrag für die Existenzsicherung der Familie

Hilde und Heiko Freese

zu erwirtschaften“, erinnert sich Hilde Freese. „Das heißt aber nicht, dass wir dem Pragmatismus zuliebe unsere Grundsätze aufgegeben hätten“, schaltet sich der Sohn ein, inzwischen diplomierter Betriebswirt und Betriebsleiter der Hilde und Heiko Freese GbR. „Wir wollten Transparenz schaffen, deshalb haben wir uns dem Bundesprogramm zur Förderung der multifunktionalen Landwirtschaft angeschlossen, was uns u.a. durch Betriebsbesichtigungen auch bekannter machte. Viele Lebensmittelskandale der letzten Jahrzehnte haben beim Verbraucher ein Umdenken in Richtung Qualität ausgelöst, was die Bio-Betriebe auch aus der belächelten Nische herausgeholt hat. Heute werden die Überlegungen „was kaufe ich und welche Wirkung hat meine Kaufentscheidung“ sicher noch verstärkt durch den Klimawandel. Regionale, saisonale und Bio- Produkte liegen einfach im Trend und das ist gut so. Aber gerade das sind heute für uns die Herausforderungen. Wir bleiben zum Beispiel konsequent bei der Kreislaufwirtschaft. Bei jeder einseitigen Bewirtschaftung geht es ja schon los mit der Gefahr vermehrter Schädlinge oder dem Einkauf von Düngung, die wo weiß woher kommt.“ Heiko Freese will dieser Entwicklung entgegentreten. So experimentiert er seit einigen Jahren mit einer Urroggensorte, die tief wurzelt, was bei dem sandigen humosen bis anmoorigen Boden wichtig für die Wasserversorgung ist. „Hier bei uns versickert das Wasser schnell, wir müssen gerade im inzwischen trockeneren Frühjahr viel wässern. Ich versuche das schon weitgehend mit Tropfschläuchen statt Sprengern und setze immer mehr standortangepasste oder samenfeste Sorten ein. Der Urroggen gehört dazu, der kann viel vertragen - er ist trockenresistent und verträgt Staunässe. Er ist vielleicht nicht so ertragreich, gibt aber auch langes Stroh für die Stallhaltung im Winter, ideal für den Mistaustrag.“ Mit diesem sehr proteinhaltigen Roggen experimentiert demnächst der nahegelegene Bio-Bäcker. So ist in der zweiten Generation nicht das eingetreten, was Unken so gemeinhin in den Wald hinein rufen, nämlich dass immer und alle Tage das Maximierungsprinzip vor Qualität und Zufriedenheit gilt. „Wie wir wirtschaften ist gut so, vielleicht bauen wir noch einmal ein weiteres Gewächshaus, aber das reicht dann auch schon für uns“, so die Familie.

Quiche von Frühlingsgemüse

400 g	Mehl
240 g	Butter
2	Eier für den Teig
	Prise Salz
250 g	frischer Spargel (weiß oder grün)
1 kl.	Zwiebel
1	Kohlrabi
2 Stangen	Frühlingslauch
2 kl.	Frühlingsmöhren

50 g	frischer Spinat
50 g	Rucola-Salat
1	Knoblauchzehe
1 Zweig	Rosmarin
250 ml	Sahne
4	Eier für die Sahne
	Salz, Pfeffer, Tabasco
	Prise Zucker
	Olivenöl zum Braten

Das Mehl sieben und mit den Eiern und der Butter zu einem glatten Teig verarbeiten. Mindestens eine Stunde (besser über Nacht) abgedeckt im Kühlschrank ruhen lassen. Gemüse waschen, schälen und alles in gleich große Stücke schneiden. Pfanne oder Wok erhitzen und Gemüse zusammen anbraten. Anfangen mit den „harten“ Gemüsen: zuerst den Kohlrabi, die Möhren, dann den Spargel, die Zwiebel, zum Schluss den Frühlingslauch und den gewaschenen und gezupften Spinat. Würzen mit Salz, Pfeffer, zerdrücktem Knoblauch und dem gezupften und gehackten Rosmarin. Sahne halb steif schlagen und die vier Eier unterrühren. Mit Salz und Pfeffer und einem Tropfen Tabasco würzen. Rucola waschen, mit einem scharfen Messer klein schneiden und zur Sahne geben. Backofen auf 220°C Umluft vorheizen. Den Teig gleichmäßig ausrollen und in eine 24 cm Springform legen. Der Teig muss über den Rand der Form reichen. Mit einer Gabel einige Male einstechen, damit sich keine Blasen im Teig bilden und ca. 10 Minuten vorbacken. Aus dem Ofen nehmen. Gemüse gleichmäßig in der Form verteilen und die Eiersahne darüber geben. Sofort nach Einfüllen bei 220 ° ca. 25-35 Minuten im Backofen stocken lassen. Etwas abkühlen lassen. Den oberen Rand abschneiden, erst dann die Springform lösen. Mit einem scharfen Sägemesser in Tortenstücke schneiden. Dazu passt eine Sauce Hollandaise oder ein Ziegenfrischkäse oder auch Kräuterquark mit Frühlingslauch und Radieschen. Rezept: Fährhaus Nessmersiel

DIE LANDLECKEREIEN

Dips, Saucen, Chutneys, Relishes...

Rhauderfehn

Streift man in Ostfriesland über die zahlreichen Bauern- und Gartenmärkte, trifft man immer wieder auf Anne und Eibo de Vries mit ihren Landleckereien. In ästhetisch schön gestalteten Gläsern finden sich die Leckereien, die Anne de Vries kombiniert und gekocht hat. Auf den ersten Blick irritierend sind die ausgefallenen Kombinationen der Zutaten – Süßes ist mit Scharfem kombiniert oder Saures mit Süßem und Zwiebeln, doch beim Probieren explodieren die Geschmacksknospen – das passt! Die Diplom-Designerin ist selber auf den Geschmack gekommen, als eine Erdbeerschwemme in ihrem Garten sie zwang, alles zu verarbeiten. „Ich mag gar nicht so gerne Konfitüren und Marmeladen, also Süßes, und so hab ich nach anderen Verwertungsmöglichkeiten für die Erdbeeren gesucht und bin fündig geworden – Erdbeeren mit grünem Pfeffer und einer leicht säuerlichen Essig-Komponente. So bin ich auf den Geschmack gekommen und experimentiere seitdem mit den ausgefallensten Kombinationen, bis ich das Gefühl habe, das ist richtig lecker. Dann kommen die Rezepte in meine wohlgehütete Sammlung und eine erste Testphase kann beginnen."

Die vielen Freunde, denen sie die Produkte als Geschenke mitbrachte, haben sie ermutigt, weiterzumachen. Erst kamen private Anfragen, Dips und Chutneys für Feiern herzustellen, dann kamen die ersten Angebote, an Märkten teilzunehmen, und so musste sich die private Initiative zwangsläufig auch professionalisieren – mit Logo, Gewerbeanmeldung, Auseinandersetzung mit den Hygienevorschriften und, und, und. Inzwischen hat sich in recht kurzer Zeit das kleine Unternehmen etabliert. „Wir entwickeln uns sehr gut und es macht uns großen Spaß", so Eibo de Vries, der u.a. für die gesamte Logistik zuständig ist. „Uns war wichtig, dass wir neben der Direktvermarktung auch über Wiederverkäufer unsere Produkte vertreiben können. Das sind meist Spezialitätengeschäfte mit besonderen ostfriesischen Produkten. Ich versuche immer, den Kompositionen einen norddeutschen Bezug zu geben, auch wenn ich manchmal ganz exotische Rezepte von unseren Urlaubsreisen mitbringe. Dann überlege ich, wie ich das mit dem, was hier wächst, kombinieren kann", so Anne de Vries. Der Renner auf den Märkten ist der Ostfriesenketchup aus Möhren und Tomaten, der neben Salz und Pfeffer mit elf zusätzlichen Gewürzen verfeinert wird. Dabei wird bei jeder Produktion noch einmal abgeschmeckt und nicht einfach nur nach Rezept gekocht. „Ich merke, dass die Möhren immer unterschiedlich schmecken, je nach Erntezeitpunkt und Bodenbeschaffenheit. Auch die Grünkohlsorten hier bei uns im Norden schmecken oft recht unterschiedlich. Letztendlich kommt es auf die richtige Würze an. Hier habe ich eine große Auswahl, sodass jede Sauce immer aromatisch wird, so auch unser Grünkohl-Pesto – und das ist echt lecker".

Anne de Vries

Gute Grundzutaten und die Würze machen das Besondere aus

Happjes

1 Scheibe	ostfriesisches Schwarzbrot
2 Scheiben	Vollkorn-Sandwich
1 Packung	Doppelrahm-Frischkäse
1 Packung	Nordsee-Krabben
1 Rolle	Ziegenweichkäse
1 Glas	indisches Möhren-Chutney
1 Glas	Ananas-Chili-Sauce
1 Glas	Landbier-Gelee
1 Zweig	Koriander
	Curry, Chiliflocken
4	halbe Walnüsse

Die Brote vierteln. Das Schwarzbrot dünn mit Frischkäse bestreichen, darauf einen Klecks indisches Möhren-Chutney geben und mit einem Korianderzweig garnieren.

Die Sandwich-Stücke dünn mit Frischkäse bestreichen. 1 EL Frischkäse mit 2-3 EL Ananas-Chili-Sauce vermischen, mit Curry und Chiliflocken abschmecken. 4 Sandwich-Stücke damit bestreichen und mit Krabben belegen.

Ziegenweichkäse in Scheiben schneiden. Die restlichen Sandwich-Stücke damit belegen. Einen Klecks Landbier-Gelee darauf geben. Mit je einer halben Walnuss garnieren.

REINHARD LÜHRING

Aufspüren und erhalten...

Rhauderfehn-Schatteburg

Reinhard Lühring hatte immer schon ein Faible für Pflanzen, ihre Verschiedenartigkeit und Vielfalt. Deshalb reizte es ihn auch nicht besonders, den elterlichen Milchviehbetrieb in Rhauderfehn zu übernehmen. Stattdessen wurde er zunächst Selbstversorger auf einem wunderschönen Grundstück in Rhauderfehn und lebte dort mit seiner jungen Familie. Damals gab es bundesweit junge und engagierte Menschen, denen es auf ein selbstbestimmtes Leben ankam, bescheiden, aber im Einklang mit der Natur. Zahlreiche Netzwerke entstanden, um voneinander zu lernen und Erfahrungen auszutauschen.

Reinhard Lühring interessierte dabei besonders die genetische Vielfalt der Pflanzen, die im krassen Gegensatz zu den immer mehr um sich greifenden Einheitssorten der großen Saatgutlieferanten standen. Aus seiner Kindheit sind ihm noch die Lebensbedingungen präsent, die durch die natürlichen, jahreszeitlich bedingten Rhythmen bestimmt waren. „Hier hatten alle Leute Nutzgärten. Wir mussten als Kinder immer bei irgendwelchen Gartenarbeiten mithelfen, Bohnen pulen oder beim Ernten zur Hand gehen. Das haben wir natürlich nicht immer gerne gemacht, aber heute weiß ich, dass wir dabei ganz selbstverständlich die natürlichen Abläufe im Garten gelernt haben“.

Nach einigen bewegten Jahren hat sich der gelernte Landwirt zu einem in und außerhalb der Region bekannten Sammler und Züchter alter ostfriesischer Gemüsesorten entwickelt, der dem Verband „Dreschflegel“ angehört. Dieser Verband setzt sich bundesweit für die Erhaltung und Bewahrung alter Sorten ein, die Saaten zum Verkauf erhält man in Bio-Qualität. „Ich habe in ostfriesischen Gärten eine Vielzahl von Sorten gefunden. Die Samen gingen früher über den Gartenzaun in andere Hände. So hat sich eine genetische Vielfalt entwickelt und erhalten, weil ja jeder Boden und jede Kreuzung wieder andere Eigenschaften hervorbrachte. Heute kommt noch der Aspekt des besonderen Geschmacks hinzu, zum Beispiel mit Freunden die vielen im eigenen Garten gewachsenen Sorten zu genießen und Unterschiede zu schmecken“. In Witzenhausen, der Kaderschmiede für den ökologischen Landbau, hat Reinhard Lühring einige Semester studiert. Hier hat er sein Wissen über den Pflanzenzyklus, den Zeitpunkt für die Saatgutgewinnung, Kreuzungsmethoden und vieles mehr vertiefen können. „Das wissen die alten Leute eh alles noch. Aber das Wissen geht verloren. Alles, was ich hier tue, muss eigentlich wieder zurück in die Hausgärten, damit die Entwicklung weiter geht, sonst ist das hier auch irgendwie museal. Mein Anliegen ist es, die Gartenkultur wieder zu beleben und den Kindern die ernährungskulturelle Vielfalt unserer Region zu vermitteln, und zwar nicht pädagogisch, sondern als selbstverständliches Wahrnehmen des Ernährungsalltags, der von einer Wertschätzung der Lebensmittel geprägt ist“.

Inzwischen gibt es immer wieder mal eine Zusammenarbeit mit Forschungseinrichtungen und Universitäten über die von Reinhard Lühring genau aufgezeichneten Herkünfte und Eigenschaften der Sorten, die früher in Ostfriesland angebaut wurden, um die sich aber niemand mehr gekümmert hat. Wer weiß schon, dass hier früher Freilandtomaten angebaut wurden, die nicht gleich durch Krautfäule umgefallen sind?

Der Fachmann hätte natürlich auch in den Erwerbsgemüseanbau gehen können, aber ihm ist

Reinhard Lühring

wichtig, die Vielfalt und den gesamten Zyklus der Pflanzen von der Aussaat bis zur Ernte zu erleben.

Nun hat ja gerade Ostfriesland mit seiner geografischen Randlage bezogen auf den Erhalt alter Kulturpflanzen genau deshalb einen enormen Vorteil. Hier haben sich überdurchschnittlich viele Kulturpflanzen mit ihren besonderen Geschmackstypen sowie das Wissen darüber erhalten. Während in der übrigen Republik den Nutzgärten schon früh der Garaus gemacht wurde (Rasen, Koniferen), hat sich in Ostfriesland neben der Randlage schon aufgrund der nie üppigen Versorgungssituation die Gartenkultur als Subsistenzwirtschaft lange erhalten. Inzwischen sind es aber fast nur noch ältere Menschen, die über dieses vielfältige Wissen verfügen. Erst ganz langsam entwickelt sich heute wieder eine neue Gartenkultur, interessanterweise auch in den Großstädten.

Reinhard Lühring sammelt aber nicht nur die alten Saaten und vermehrt sie, sondern sammelt auch die alten Geschichten, die sich um die Pflanzen ranken. So gehörten früher in Ostfriesland in einigen Gegenden die Samen der leckeren Zuckererbsen (Zuckearfen) zur Aussteuer als ein Teil der Beigabe. Das Wissen um die Auslesekriterien der für die Nachzucht bestimmten Pflanzen wurde früher den Kindern mitgegeben, um die Qualität zu gewährleisten. Gleichzeitig hat das dazu geführt, dass sich individuelle Sorten in der Region entwickelt haben. Diese Vermittlung droht in Vergessenheit zu geraten. Deshalb ist das Engagement von Reinhard Lühring für die Nutzpflanzen der ostfriesischen Heimat von unschätzbarem Wert.

DER VEREIN APPELHOFF

Bagbander Slientje, Herbstkalvill und andere saftige Äppel

Rhauderfehn

Am Anfang ging es eigentlich nur darum, die Zusammenhänge im eigenen Garten besser zu verstehen. Die heutigen „Stamm"-Mitglieder des Vereins Appelhoff hatten sich als neugierige Laien vor rund 12 Jahren bei einem Gartenseminar der Potshausener Volkshochschule deswegen zusammengefunden, parallel dazu gab es ein Obstbaumseminar, was das Schneiden und Veredeln von Obstgehölzen zum Thema hatte. Für die Besitzer von Obstbäumen, kleinen Gehölzen oder auch richtigen Streuobstwiesen war das Interesse geweckt. Die Teilnehmer des Gartenseminars wurden quasi Dauergäste beim Obstbaumseminar und mauserten sich sehr schnell zu fast ausgewachsenen Pomologen.

Der daraus inzwischen entstandene Verein Appelhoff hat rasch viele Mitglieder gewonnen, und zwar durch alle Altersgruppen hindurch. Obstbäume, für viele nur verbunden mit Laub, Wespen im Spätsommer und kaum noch zu bewältigender Obstfülle, die Arbeit macht, haben durch den Verein eine neue Wertschätzung erfahren. Sterile Rasenflächen mit Koniferen als moderne Variante gegenüber der mühsamen Gartenarbeit, als sich große Teile der ostfriesischen Bevölkerung noch aus dem eigenen Garten ernährte, sind heute einer neuen Naturverbundenheit gewichen, die Vielfalt in den Gärten schätzt. Diesen Gedanken der Vielfalt zu fördern ist auch ein Anliegen des Vereins.

Die Vereinsmitglieder wollen neben vielen anderen Zielen vor allem alte Streuobstwiesen erhalten und regionale Sorten wiederfinden. Dabei muss man wissen, dass Deutschland innerhalb von 60 Jahren 75% seiner Streuobstwiesen verloren hat. Kurzstämmige, rationell zu bearbeitende Monokulturen in der Obstzüchtung haben die Vorherrschaft übernommen, mit der entsprechenden Vermehrung von Schädlingen und dem Einsatz von Herbiziden und Pestiziden. Viele alte Obst- und Gemüsegärten sind aus unseren Städten und Gemeinden verschwunden. Das führt nicht nur zu Eintönigkeit, sondern dezimiert auch die Artenvielfalt – die Imkervereine können ein Lied davon singen. So bieten ältere Obstbäume natürliche Nistplätze und in großen Streuobstwiesen finden sich an die 5000 Tier- und Pflanzenarten. Für den Erhalt einer genetischen Vielfalt der Arten braucht es Engagement – solches wie eben das von den Appelhoffs.

Neben einer engen Zusammenarbeit mit Imkervereinen liegen den Appelhoffs besonders junge Menschen am Herzen, denen sie gerne ihr Wissen und ihre Erfahrung weitergeben. So gehen die ehrenamtlich arbeitenden Mitglieder in Schulen oder auch in Gärten, um zu beraten oder die alten Sorten zu bestimmen.

Die Aktivitäten des Vereins Appelhoff sind eine lebendige Antwort auf Eintönigkeit und Monokulturen – sie sind es wert, in Ostfriesland bekannter zu werden.

Apfelkuchen

3	große, säuerliche Äpfel
250 g	Mehl
100 g	weiche Butter
200 g	Zucker
5	Eier
	Schale einer viertel Zitrone
Guss	
250 ml	saure Sahne
3	Eier
1 EL	Zucker
1	Vanilleschote

Butter mit Zucker schaumig rühren und aus allen Zutaten einen leichten Teig rühren. Den Teig auf eine gefettete und mit Semmelbröseln bestreute flache Kuchenform streichen und dicht mit dünnen Apfelscheiben belegen. Saure Sahne, Eier, Zucker und Inneres der ausgekratzten Vanilleschote verrühren und darüber gießen. Bei mittlerer Hitze backen. Rezept: Veronika Nölle

Die alten Ostsorten sind an den Boden und das Klima angepasst und in der Regel widerstandfähiger – wir probieren aber auch das Pfropfen mit alten und neuen Sorten

REGIONALERIE

„Ein Regionalladen in Rhauderfehn!? Du bist aber mutig...!“

Rhauderfehn

So und ähnlich klingt es Janna Wölke noch in den Ohren, als im Herbst 2012 nach dem abgeschlossenen Studium der Entschluss in ihr reifte, einen Laden mit regionalen Produkten zu eröffnen.

Dahinter steckt die Idee von Janna Wölke, die Qualität und Vielfalt an Lebensmitteln der Region aufzuzeigen und den Kunden das Einkaufen von regionalen Lebensmitteln zu erleichtern. Denn wer fährt schon für Eier und Kartoffeln gerne 50 km und weiter? So möchte sie in ihrem Laden regionale Lebensmittel bündeln und damit die regionale Wirtschaft und die hochwertige Qualität unterstützen.

Seit Januar 2013 ist ihre „Regionalerie“ am Untenende in Rhauderfehn nun geöffnet und läuft trotz aller Unkenrufe recht gut.

Milch, Käse und andere Molkerei-Produkte, Schinken, verschiedene Fleischangebote und Geflügel, Kartoffeln, Eier, Brot, Honig, Konfitüren, Saucen und Chutneys, Säfte, Bio-Wein (ausschließlich aus Deutschland), Liköre und einiges mehr sind im Laden zu finden. Aus diesen Regionalprodukten zaubert Janna Wölke für jeden Anlass Präsentkörbe und baut gerade noch einen Online-Shop auf, damit der Weg für die Kunden so einfach wie möglich ist: so werden auch die Butenostfriesen nicht auf ihre Heimat verzichten müssen. An die 15 -20 Lieferanten im Umkreis von weniger als 100 Kilometern, die meisten aus Ostfriesland, beliefern die junge Geschäftsinhaberin. „Das Angebot ist noch ausbaufähig. Wenn die Vegetationsperiode jetzt im April/Mai wieder beginnt, werde ich auch saisonales frisches Gemüse von den Bauern aus der Umgebung anbieten, von denen ich weiß, dass sie entweder biologisch oder naturnah produzieren. Das Supermarktgemüse ist ja meist weit gereist und liegt verhältnismäßig lange unter Licht in den Truhen“, so Janna Wölke und spielt dabei auf die häufig geäußerte und berechtigte Kritik an, regionale Erzeugnisse seien ja nicht per se die besseren Produkte. „Ich könnte natürlich auch das Geflügel eines regionalen Massentierstalles vermarkten. Regional ist letztendlich jedes Produkt. Mir kommt es aber auf eine nachhaltige Produktion und auf eine artgerechte Tierhaltung an. Am liebsten aus biologischer Produktion, doch das ist hier in Rhauderfehn auch eine Frage des Preises. Ich kenne meine Lieferanten persönlich und habe mich vor Ort von deren Produktion und Haltungsbedingungen überzeugt“. Manchmal muss Janna Wölke noch selber zu den Höfen fahren und die Produkte abholen, was sehr aufwändig ist. „Ich habe ja keinen Selbstbedienungsladen mit anonymer Kundschaft. Ich erzähle etwas über die Herkunft und Herstellung der Produkte und mache Werbung für die Produzenten. Die meisten beliefern mich direkt und bringen Informationsmaterial über ihre Produkte, Aufsteller und auch Rezepte mit. Das läuft professionell. Es muss sich mit der Zeit ein Vertrauensverhältnis entwickeln, das auch Spontanität bei Warenengpässen oder anderen Problemen zulässt“, so Wölke weiter.

Vor ein paar Jahren hätte sich Janna Wölke nicht träumen lassen, einmal in die Selbstständigkeit zu gehen. Aufgewachsen ist sie in einer Familie, die nicht nur eine Gastronomie betreibt, sondern auch noch ein Hotel und einen Tagungsbetrieb mit Cateringservice. „Die wahnsinnige Arbeit, immer präsent sein, das hat mich abgeschreckt. Zufällig habe ich aber bei meinen Eltern einen Prospekt über

Janna Wölke

die Duale Hochschule Baden-Württemberg zum Studium „Food-Management" in Bad Mergentheim gesehen, die mit der Universität für Gastronomische Wissenschaften in Pollenzo in Italien zusammenarbeitet, einer Initiative von Slow Food. Durch den elterlichen Betrieb bin ich mit Lebensmitteln, deren Beschaffung und Verarbeitung aufgewachsen und habe mich so immer schon mit Ernährung beschäftigt, deswegen fiel die Entscheidung ganz schnell: Das Studium sollte es sein. Und so habe ich mich bei Otto Geisel, damaliger Vorsitzender von Slow Food Deutschland und Inhaber des Hotel –Restaurant Victoria in Bad Mergentheim vorgestellt, der mir eine Ausbildungsstelle für die Praxisphasen des Studiums anbot – das war mein Glück, denn die Zeit war schon knapp".

Janna Wölke lernte fleißig die betriebswirtschaftlichen Grundlagen im Lebensmittelsektor und im Hotel-Restaurant Victoria alle praktischen Aufgaben vom Service über die Küche bis zur Rezeption. Als Otto Geisel seinen Betrieb verkaufte, nahm sie dies zum Anlass, den Praxisbetrieb zu wechseln, um wieder in heimatlichen Gefilden sein zu können. In der Weindiele Kotzias in Westerstede – Ihorst hat sie bis zum Ende des Studiums den Praxisteil absolviert, zum Beispiel einen Slow-Food-Genussmarkt im Landhaus Etzhorn organisiert. Ihre Bachelorarbeit schrieb sie zum Thema „Regionalvermarktung", das hatte sie eh schon interessiert. „Ich bin Ostfriesin, bin das gerne und wollte hier in der Region bleiben. Nachdem das hier bei den wenigen Lebensmittelunternehmen mit einer Stelle nicht so recht geklappt hat, reifte die Idee für den Regionalladen – hier kann ich selber bestimmen, welche Qualität über den Ladentisch geht. Ich finde, wir haben eine Verantwortung für die Herstellung von Lebensmitteln und letztendlich, was mit unserer Erde passiert", sagt Janna Wölke überzeugt.

Und hier in Rhauderfehn hat sie auch ihre Eltern, die ihr die Zuversicht für dieses Unternehmensrisiko geben. So können alle Lebensmittel im elterlichen Betrieb verarbeitet werden. „Hier werden keine Lebensmittel vernichtet. Ich überlege auch, ob ich nicht noch selbst eingekochte Fertigspeisen anbieten soll – gute Suppen oder Gulasch oder ähnliches. Wenn das alles weiter so gut läuft, könnte ich mir auch einen weiteren Laden in einer anderen Gegend Ostfrieslands vorstellen und die Produkte der dortigen Produzenten verkaufen", so Janna Wölke zuversichtlich. Man merkt ihr an, dass sie eine gute Entscheidung für sich getroffen hat, und davon profitieren auch die Direktvermarkter in der Region.

Der online-shop ist im Aufbau. Das muss heute einfach parallel zum Laden laufen

Grüner Nudelauflauf

300 g	Bandnudeln
	Meersalz
500 g	Brokkoli
60 g	Butter
100 g	Mandeln
200 g	Frischkäse
125 ml	Gemüsebrühe
300 g	Sahne
5	Eigelb
	Giersch (Handvoll)
	Kerbel (Handvoll)
	Muskat

Nudeln in Salzwasser kochen. Brokkoli waschen, in kleine Stücke schneiden und mit den Mandeln in die heiße Butter geben. Fünf Minuten dünsten, salzen, Frischkäse, Gemüsebrühe, Sahne, Giersch und Kerbel sowie Eigelb gut verrühren.

Nudeln mit dem Brokkoli schichtweise in eine gefettete Auflaufform geben, mit Salz und Muskat würzen. Die Kräutersauce darüber geben, in den noch kalten Backofen (mittlere Schiene) geben und bei 200° 40 Minuten backen. Rezept: Krüderee, Aurich-Middels

NORDSEE-LAMM BRAHMS

Das patentierte Nordsee-Lamm als persönliche Bestimmung

Leer

Dass die Geschichte mit dem Osterlamm ihre Probleme hat, darüber weiß der gelernte Theologe Uwe Brahms gut Bescheid. Wegen Weihnachten und Ostern sind zwar die Ablammzeiten verändert worden, aber im Frühjahr und Sommer wachsen die Schafe auf jeden Fall besser, und Milchlämmer werden bei ihm schon gar nicht vermarktet – Lämmer dürfen schließlich auch bis 12 Monate alt werden.

Mit zwei Schafen hat es vor 20 Jahren einmal angefangen, die Fläche ist inzwischen von 700 Quadratmetern auf 14 Hektar angestiegen. Das teilt sich im Raum Leer auf 15 Flächen auf, was natürlich einigen Aufwand erfordert.

Uwe Brahms kommt aus landwirtschaftlicher Tradition seit vielen Generationen, verbürgt ist das Jahr 1640. Als er nach dem Studium nach Hause zurück kam, wollte er etwas mit Schafen machen – und wenn, dann richtig. 50 bis 80 Muttertiere gebären inzwischen bis zu 150 Lämmer im Jahr, nicht nur Ostfriesenschafe, sondern auch Schwarzkopf und deutsche Texel – die letzten beiden haben eine besonders schöne runde Keule. Das Ostfriesenschaf ist eher ein Milchschaf mit zwei Lämmern im Durchschnitt, durch dessen Einkreuzen gibt es bei Schwarzkopf und Texel inzwischen auch häufig mehr als ein Lamm.

Gutes Futter ist Uwe Brahms wichtig, das wird selbst produziert, auch zur Vermeidung von Parasiten.

Teile der Produktion verlassen Ostfriesland auf individuelle Bestellung, zumal die handwerkliche Verarbeitung und Vermarktung in der Region sich verändert hat. Traditionelle Fleischerbetriebe haben in der Vergangenheit wegen der Kosten und neuer Hygiene-Richtlinien kapituliert. Uwe Brahms setzt inzwischen auf die EU-zertifizierte Landschlachterei und Wurst-Manufaktur von Gerhard Lay in Veenhusen, Nachfahren einer französischen Hugenotten-Familie. Hier wird wieder so gearbeitet, wie es sein soll: ohne Zuckerstoffe, Geschmacksverstärker, Citrate und künstliche Aromen. Die Ernährungskultur hat sich im privaten Zuhause wie auch im Restaurant immer mehr auf fertig abgepackte Edelteile spezialisiert, die Menschen wollen häufig die wirklich edlen Teile wie Filets, Keulen und Lammrücken – sechs Lammrücken bedeuten aber den Tod von

Uwe Brahms

Sechs Lammrücken bedeuten auch den Tod von 6 Lämmern. Ich verkaufe nur ganze Tiere und auf gar keinen Fall Milchlämmer

sechs Lämmern. Auch die übrigen Teile sollen einer sinnvollen Verwertung zugeführt werden. Dass Gastronomen, wie der Reichshof in Norden, noch selber zerlegen können, ist längst keine Selbstverständlichkeit mehr, aber ein guter, nachhaltiger Weg. Der gastronomische Nachwuchs lernt, wie es ursprünglich war und heute wieder möglich ist.

Uwe Brahms blickt zuversichtlich in die Zukunft seiner überschaubaren Schafzucht. Für seinen kleinen Betrieb mit viel Fläche, guter Haltung und Traditionsbewusstsein sieht er angesichts reger Nachfrage gute Perspektiven. Und er schätzt die Vielfalt der Lammfleisch-Erzeugnisse: Lamm-Salami, Lamm-Wurst, geräucherter und getrockneter Lamm-Schinken.

Die Umstellung auf die Bio-Zertifizierung hat er problemlos geschafft. Dass Lammfleisch viel besser und gesünder als Schweinefleisch ist, scheint sich nach seinem Eindruck inzwischen herumzusprechen.

Die eigene Lagerkapazität hilft, die vorhandenen Vertriebswege zuverlässig zu bedienen. Wenn mal etwas nicht verfügbar ist, sollte man früher bestellen bzw. einmal warten können. In den regionalen Fleischereien kann man kein Lammfleisch von Uwe Brahms kaufen – der direkte Vertrieb über das Internet hilft da weiter. Auch die Kooperation mit den Gastronomen von OSTFRIESLAND KULINARISCH ist sicher noch ausbaufähig, Gemeinsame Lammwochen mit den teilnehmenden Gastronomen (in bekannter Tradition doch kurz nach Ostern) waren schon mal ein Anfang. Ob sich da noch die Idee eines eigenen Hofladens umsetzen lässt – nun, man wird sehen... alles braucht seine Zeit.

WEIN WOLFF

Leer und die ostfriesische Kaufmannsfamilie Wolff

Leer

Mit rund 1500 qm Kellergewölbe aus dem frühen 17. Jahrhundert und an die Tausend gelagerten Weinsorten gehört das Traditionsunternehmen „Wein Wolff" aus Leer mit zu den erfolgreichsten Weinhäusern Norddeutschlands. Ausgezeichnet als führendes Weinhaus 2003 und 2008 hält das Unternehmen Weinsorten der wichtigsten und bekanntesten Weingüter und feine Spirituosen bekannter Produzenten für die Kunden bereit. Der fast 400 Jahre alte Keller bietet optimale gleichbleibende Temperaturen für die Lagerung von Weinen – wobei eine breite Auswahl von edelsten Tropfen direkt vom Erzeuger bis hin zu guten Tischweinen zeugt.

Bereits in der 7. Generation ist der Betrieb aus Leer mit seinen historischen Gemäuern, dem Haus „Samson" und der „Neuen Straße 31" in der Leeraner Altstadt für die ostfriesische Gastronomie die Nummer 1. Jan Wolff hat, wie fast alle seine Vorfahren, das Handwerk von der Pike auf gelernt, unter anderem im berühmten Weinimporthaus Segnitz in Bremen und während und nach dem Studium auf diversen Weingütern in Deutschland und Frankreich Erfahrungen gesammelt. Lediglich seine Großmutter Luise Wolff, geborene Lehmhuis, musste nach dem frühen Tod ihres Mannes Claas Karl August Wolff in den 60er Jahren die Geschäfte ohne fachliche Ausbildung übernehmen. Mit der Unterstützung des Prokuristen Harm Reuter ist ihr das bestens gelungen. Sie hatte nicht nur mit dem Strukturwandel dieser Zeit im Einzelhandel zu kämpfen, bei dem viele Einzelhandelsunternehmen Marktanteile an die großen Supermärkte verloren, sondern gleichzeitig mit der Abrisswut im Rahmen so genannter Altstadtsanierungen der 70 er Jahre in Deutschland, so auch in Leer. Sie hielt den Sanierungsplänen sprich Abrissplänen stand und erweiterte sogar noch die Lagerflächen im unterirdischen Bereich der Leeraner Altstadt.

So ist die Firma Wolff ist ein gutes Beispiel für den Wechsel von Tradition und Innovation, ganz besonders aber von Standhaftigkeit, ohne die die Altstadt von Leer um vieles ärmer wäre.

Nun war die Produktion und der Vertrieb alkoholischer Getränke (Wein Wolff produzierte und produziert bis heute auch Hochprozentiges) gerade

Jan Wolff

im reformierten Teil Ostfrieslands nicht unumstritten. Die Herstellung und der Verbrauch von Branntwein hatte sich in den Dörfern und Städten erheblich gesteigert. Lange nasse Winter, Kälte und harte Arbeit ließen manch wärmendes Tröpfchen durch die Kehle rinnen. Wein war dagegen im 18. Jahrhundert und darüber hinaus bei den einfachen Ostfriesen weitgehend unbekannt. Man trank an alkoholischen Getränken Bier und eben Branntwein, der meist vor Ort in unterschiedlichen Stärken produziert wurde. Erst um 1900 wurde Wein bei Festlichkeiten üblich, der einfache Bürger blieb jedoch bei Bier und Schnaps und sprach letzterem manchmal mehr zu, als verträglich war. Das führte zu den Mäßigungsvereinen „wider die Trunksucht", die es sogar schafften, sogenannte „Säuferlisten" herauszugeben, um zu verhindern, dass an diese Menschen Alkohol ausgeschenkt wurde.

Heute hat das Traditionshaus Wolff mit solchen Widernissen nicht mehr zu kämpfen, im Gegenteil, in vielen großen Einzelhandelsmärkten in Norddeutschland hat das Traditions-Unternehmen Dependancen und die zehnte Filiale wurde gerade eröffnet. Die Leeraner Bevölkerung ist stolz auf die erhaltenen Traditionsgebäude mit großen naturgekühlten Kellergewölben und Weinsorten aus aller Welt unter ihren Füßen; und die Touristen erfreuen sich an der Besichtigung des Stammhauses mit angeschlossenem Museum. Lediglich Eingeweihte wissen um die wechselvolle Geschichte der Familie, die sich spannend und informativ in dem Buch einer ostfriesischen Kaufmannsfamilie mit dem Titel „Was sich Wolff und Samson erzählen"* nachlesen lässt.

Das Haus „Samson" ist Wohn- und Geschäftshaus der Familie Vissering gewesen, die hier ihren Ursprung hat.

Weincreme von Oma Adele

für 6 Personen

1 Flasche	trockener Weißwein
250 g	Zucker
	Abgeriebene Schale einer Zitrone
	Saft von 2 Zitronen
1	mäßig gehäufter EL Maismehl oder Weizenstärke (mit etwas kaltem Wasser auflösen)
6	ganze Eier
4	Eigelb (Eiweiß zu Eischnee schlagen)

Alle Zutaten mit einem Schaumbesen ununterbrochen im Wasserbad cremig schlagen, Masse darf nicht kochen! Wenn eine dickliche Masse entstanden ist, die Creme in eine Schüssel füllen und vorsichtig den steif geschlagenen Eischnee der vier Eier unterheben. In Dessert-Schälchen füllen und mit Bitter-Makronen oder Amarettinis servieren. Quelle: Oma der Autorin

BÜNTING TEEHANDELSHAUS

Dat is en mojen krüdergen Tee mit en Kluntje as de Barg Sinai

Leer

„Grünpack“ ist für Ostfriesland ein Begriff wie für andere „Tempo“, wenn sie Papiertaschentücher wünschen, oder „Steiff“, wenn der Teddy gemeint ist. Grünpack ist eine Marke, mit der jeder Ostfriese den echten Ostfriesentee des Teehandelshauses Bünting assoziiert. Sie wurde 2012 deshalb auch als „Marke des Jahrhunderts“ im Rahmen der „Deutschen Standards“ geehrt und mit der Sonderpublikation „Leuchttürme auf dem Markenmeer“ nun in die Hall of fame der deutschen Marken aufgenommen. Hier finden sich viele Marken traditioneller Familienunternehmen, die Produkt- und Design-Geschichte geschrieben haben. So nun auch das Teehandelshaus in Leer. Schon 1806 eröffnete der junge Johann Bünting dort einen Kolonialwarenladen, in dem es Tee zu kaufen gab. Bereits Ende des 19. Jahrhunderts verfügte Bünting über fertige Teehausmischungen, die lose an Einzelhändler verkauft wurden. 1935 legte der Teefachmann und damalige Unternehmensführer der Firma, Carl Klopp, den Grundstein für den Markennamen „Grünpack“, denn er beschloss, zur Differenzierung der verschiedenen Hausmischungen farbige Tüten zu verwenden. Über die Jahre hat Bünting die ostfriesische Teekultur entscheidend mitgeprägt, denn das Unternehmen ist mit einer über 200 jährigen Unternehmensgeschichte nicht nur das älteste, sondern auch das bedeutendste Privat-Teehandelshaus in Ostfriesland. Der echte Ostfriesentee ist dabei eine Mischung, die von erfahrenen Fachleuten in hoher Qualität aus verschiedenen Sorten komponiert wird. Die Basis ist immer der kräftige Assam-Tee, je nach Rezeptur veredelt durch hochwertige Darjeeling-, Ceylon-, Java- oder Sumatra-Sorten. Der Ostfriese erwartet eine immer gleichbleibende Qualität „seines“ Tees. Die Qualitätsschwankungen bei diesem Naturprodukt werden über die verschiedenen Sorten und Mischungen kompensiert. Das Prädikat „echt ostfriesisch“ ist für die heimischen Markenfirmen geschützt.

Mit knapp 300 Litern Tee pro Kopf und Jahr brechen die Ostfriesen alle Tee-Trinker-Rekorde, selbst die Briten erreichen nicht diese Menge. Wie ist die außergewöhnliche Trink-Kultur zu erklären, wo Tee noch nicht einmal ein heimisches Produkt ist? Viele verschiedene Faktoren sind hier wohl zusammen gekommen.

J. Bünting
Stammhaus seit 1806
Bünting
Tee

Die ostfriesische Teezeremonie

Verwenden Sie stets dieselbe Kanne und reinigen Sie diese niemals mit Spülmittel, was den Geschmack beeinträchtigt. Die bräunliche Patina in der Kanne unterstützt eher noch das Aroma. Die Kanne wird vor dem Ansetzen des Tees mit heißem Wasser ausgespült, so entfaltet sich das Aroma besser.

In Ostfriesland wird ein gehäufter Teelöffel pro Person in die Kanne gegeben. Wer es gut meint, gibt noch einen Löffel für die Kanne dazu. Nun wird sprudelnd kochendes Wasser etwa zwei bis drei Finger hoch über die Blätter gegossen. Zwischen drei (belebend) und fünf (beruhigend) Minuten den Aufguss ziehen lassen, dann wird so viel heißes Wasser nachgegossen, wie man Tassen haben möchte. Es kann daraus durchaus ein zweiter Aufguss zubereitet werden, wenn das Wasser nicht vollständig von den Teeblättern abgegossen wird. Der Tee wird sehr stark, wer ihn milder und nicht leicht bitter mag, gießt den Tee nach dem Ziehen durch ein Sieb in eine andere, angewärmte Kanne und füllt dann mit heißem Wasser auf.

Kleine dünne Teetassen entsprechen der ostfriesischen Vorstellung von echtem Teegenuss am ehesten. Man gibt einen dicken Kluntje, dem nachgesagt wird, „sauberer" zu süßen als feiner Zucker, in die Tasse und gießt die „Teeblume" vom ersten Aufguss durch ein Sieb verteilt in die Tassen, die nur zu dreiviertel gefüllt werden. Das Knistern und Knacken klingelt angenehm in den Ohren, wenn der heiße Tee auf die Kluntje trifft. Dann wird Sahne mit einem „Rohmlepel" vorsichtig ringförmig in den Tee gegeben, es entfaltet sich ein weißes Wölkchen, „dat Wulkje". Der Tee wird heiß genossen und niemals umgerührt - man trinkt sich langsam von der Harmonie zwischen Sahne und Tee zum Süßen vor. Drei Tassen Tee sind die Regel, dann wird der kleine Teelöffel in die Tasse gestellt, sollten Sie das vergessen, kann es sein, dass ihnen ständig nachgegossen wird. Meist nach der ersten Tasse wird Gebäck herumgereicht, das man auf die Untertasse legt.

Ostfriesland hatte den 30 jährigen Krieg einigermaßen unbeschadet überstanden, sodass hier vor allem in der Landwirtschaft eine wirtschaftliche Stabilisierung einsetzte, die mit mehr Wohlstand einherging. So haben die Niederländer über die Ostindien- Kompanie, die den Tee mit ihren Schiffen bereits im 17.Jahrhundert mitgebracht hatte, das damals sündhaft teure Getränk den wohlhabenden Ostfriesen erfolgreich verkaufen können. Dann galt Tee lange Zeit auch als Medizin und wurde in Apotheken verkauft. Die heilende Wirkung lag wohl in erster Linie an der Tatsache, dass abgekochtes Wasser für Tee verwendet wurde, denn das Trinkwasser im Marsch- und Moorgebiet war praktisch ungenießbar. Wer nicht über Zisternen verfügte, holte das Wasser aus den Kanälen oder meist brackig aus Regentonnen, die ungeschützt im Freien standen. So war Bier lange Zeit die Flüssigkeit, mit der man den allgegenwärtigen Typhuserkrankungen zu entgehen versuchte. Mit zunehmender Ablehnung des schädigenden Alkohols konnte Tee nun eine Alternative werden. Tee machte zudem als ergiebiges Warmgetränk das raue, feuchte Klima erträglicher, hatte Geschmack und war im Gegensatz zum Alkohol belebend. Der wachsende Wohlstand und das wachsende Angebot machten ihn bald auch für ärmere Schichten erschwinglich, denn immer mehr Überseeprodukte, so auch Tee, kamen mit Schiffen ins Land. Die Handelszentren verlagerten sich im Laufe dieser Zeit vom Mittelmeer nach Norden - nach Amsterdam, Hamburg und London.

Zur Entwicklung der eigenwilligen Teekultur in Ostfriesland hat sicher auch die geographische Lage beigetragen und über Jahrhunderte bewahrend gewirkt. Das Wattenmeer im Norden, der Dollart im Westen, der Jadebusen im Osten und südlich ein schwerzugänglicher Moorgürtel haben einen relativ geschlossenen Kulturkreis begünstigt, der aber dennoch beeinflusst wurde durch politische, wirtschaftliche und kulturelle Beziehungen zu den Niederlanden und den neuen Gütern, die über Amsterdam nach Emden und Leer gelangten. Von der Blütezeit des „Goldenen Zeitalters“ in den Niederlanden profitierte eben ökonomisch und kulturell auch Ostfriesland, was folgendes Zitat belegt. „Die Sachsen, vornehmlich die Ostfriesen, hatten von je her mehr Kultur als die südlicheren Deutschen“.*

Teezwieback

250 g	Mehl
100 g	Butter
90 g	Zucker
1	Ei
	etwas Salz
	eine Prise Vanillezucker oder die geriebene Schale einer Zitrone
½ Päckchen	Backpulver

Das gesiebte Mehl wird als Kranz auf ein Backbrett gegeben. In die Mitte gibt man die anderen Zutaten und verarbeitet alles zu einem glatten Teig. Aus dem bleistiftdünn ausgerollten Teig werden runde Plätzchen ausgestochen, auf ein gefettetes Backblech gegeben und knusprig braun gebacken“.*

NATURLANDHOF DE BOER

Tuffels sind nicht gleich Tuffels

Bunde

Die Ostfriesen lieben ihre „Tuffels“, Reis und Nudeln haben da wenig Chancen. Vielleicht liegt es am Geschmack, vermutlich eher an der Tradition und den natürlichen Gegebenheiten, denn Kartoffeln waren sättigend, fast zu jeder Jahreszeit verfügbar und Getreide gedieh auf den überwiegend moorigen Böden nun mal nicht besonders gut. Auf den warmen, sandigen Geestböden wuchsen dagegen Kartoffeln ähnlich gut wie in der Heide und versorgten die hart arbeitende Landbevölkerung als „Sättigungsbeilage“. Mit der Landgewinnung und der Eindeichung der Polder wurden dann auch hier Kartoffeln angebaut, aber auf gänzlich anderen Böden, den schweren sogenannten Klei- oder Marschböden. Während die Kartoffel eigentlich einen gut durchlüfteten Sandboden liebt, muss sie hier auf dem Kleiboden viel Kraft entwickeln, um Nährstoffe aus dem schweren Erdreich zu holen, die allerdings reichlich vorhanden sind. Sie wächst darum langsamer und die Ernte ist oft um 50 % geringer als auf der Geest oder der Heide. Dafür enthält die Kleikartoffel nicht nur besonders viele Spurenelemente, sondern hat auch einen besonderen und ausgezeichneten Geschmack. Nicht jede Sorte eignet sich für den Anbau auf dem schweren Polderboden, hervorragend passt z.B. „Belana“, festkochend und gelbfleischig mit gleich bleibend guter Qualität sowohl in nassen als auch in trockenen Jahren, und auch noch nach langer Lagerung bis ins späte Frühjahr hinein. „Die Kleikartoffel Belana ist eine ausgezeichnete Kartoffel für den privaten Haushalt und auch für die Gastronomie. Sie behält bis ins Frühjahr hinein immer den typischen Geschmack und eine goldgelbe Farbe. Einmal, weil der Boden so reich an Spurenelementen ist, aber auch, weil wir als Bio-Betrieb nur mit Gründüngung und Mist düngen. So wächst die Kartoffel langsamer, sie schmeckt nicht wässrig und enthält viele Geschmackstoffe“, sagt Wilko de Boer aus dem Heinitzpolder in Bunde. Der Naturlandhof bewirtschaftet insgesamt 50 Hektar und vertreibt seine Kartoffeln ausschließlich über die Direktvermarktung. „Auf dem Großmarkt zählt lediglich der Preis, nicht die Qualität. Wir erzielen auf dem Kleiboden lediglich 100-150 DZ pro Hektar, während auf Sandböden locker 250 DZ erzielt werden. Da können wir preislich nicht mithalten, deshalb sind unsere Kunden die privaten Haushalte und die regionale Gastronomie. Es eignet sich auch nicht

Mechthild und Wilko de Boer

jede Kartoffel für jeden Boden, wir haben viele Sorten ausprobiert und sind überwiegend bei Linda und Belana geblieben. Auch die Lagerungsfähigkeit ist nicht bei allen Sorten gleich, ähnlich wie bei Äpfeln. Linda schmeckt zum Beispiel am besten ab November", so Mechthild de Boer, die die „Kartoffel-Geschmacksexpertin" in der Familie ist.

Der fruchtbare Boden auf dem Heinitzpolder ist der späten Eindeichung geschuldet. Erst 1795 wurde das Gebiet eingedeicht und in 10 Hofparzellen aufgeteilt, wobei jeder Hof auch für die Deichpflege verantwortlich war. Die zuerst angebaute Kultur war Raps, der unempfindlich gegen die Salzreste im Boden ist. Danach konnte praktisch alles auf dem fruchtbaren Boden angebaut werden. Das Gebiet war durch einen kleinen Kanal schiffbar, über den der Transport abgewickelt wurde. Zu Fuß war da in den feuchteren Jahreszeiten kein Fortkommen. „Wir haben hier eine Schlickschicht von 4-5 Metern, darunter sind Reste des Niedermoors", so de Boer, der als Ostfriese auch immer aufgeschlossen für alte Sorten ist. „Von einem betagten Ostfriesen aus Ditzumerverlaat habe ich die alte Landsorte „Negenweekster" bekommen, davon baue ich immer ein paar Zentner für besondere Kunden an. Die Kartoffel ist ein bisschen herb, früh reif und dann auch sehr lecker. Aber zum Lagern eignet sie sich nicht." Vielleicht ist das eine Sorte, die als erstes nach einem langen und entbehrungsreichen Winter wieder satt gemacht hat?

Die Kleikartoffel wächst in dem schweren Boden langsam, hat aber auch ein wunderbares Aroma

POLDERZIEGEN

Polderwölkchen über dem Hammrich...

Bunde

„Ich saß in meiner Amsterdamer 60 qm-Wohnung und habe mich sehr nach einem Leben auf dem Land gesehnt. Mein Job am Flughafen Schiphol war so stressig, dass ich nur Erholung fand, wenn ich bei meinem Pferd am Stadtrand war", so Conchita Rappard. Fest entschlossen, das Stadtleben hinter sich zu lassen, begann die Niederländerin mit 32 Jahren ein Studium der Agrarwirtschaft, allerdings mit dem Schwerpunkt `Pferdewirtschaft`, denn ursprünglich wollte sie Stutenmilch vermarkten. Entschieden verkaufte sie mit ihrem Mann die Wohnung und machte sich auf die Suche nach einem geeigneten Hof. Sie wurde am Dollart fündig und ging mit viel Elan an die Arbeit. Nur mit der Stutenmilch-Vermarktung war das so recht nichts. „Pferde brauchen Platz, viel Futter und die Stuten geben nur einen Liter Milch am Tag. Davon muss auch noch das Fohlen versorgt werden, weil es keine Michaustauscher annimmt. Und noch Reiterhof oder Ferienwohnungen anbieten, das war mir für den Anfang doch zu viel Risiko", berichtet die Enthusiastin von ihrem ersten Rückschlag.

Inzwischen hatte sich auf dem Grundstück aber einiges an Getier versammelt – Hühner, Kaninchen, ein paar Ziegen, und bei deren Beobachtung kam die Idee auf, Ziegenkäse zu produzieren. „Ziegen sind freundliche Tiere, die Milch ist gesund, und Käse zu machen hat mich doch auch sehr gereizt", so Conchita weiter. Sie las viel über Ziegenhaltung, besuchte Kollegen und holt sich auch heute noch hin und wieder Rat bei den Berkhouts in der Krummhörn. „Ich habe auch viel Unterstützung von den Nachbarn bekommen. Wir sind hier ganz freundlich aufgenommen worden. Auch das Veterinäramt in Leer hat viele Ratschläge gegeben und bringt großes Verständnis für kleine Käsereien auf." 2010 eröffnete sie ihren Polderhof und vermarktet seitdem ihren Ziegenkäse ab Hof und in Läden der näheren Umgebung. Im Rheiderland hat sie sich mit ihren Produkten durchaus einen Namen gemacht. So mit ihrem Polderwölkchen, einer leichten Joghurtcreme, die mit Erdbeeren und Minze hervorragend schmeckt oder mit den Ostfriesischen Capralinas, ihren sehr leckeren Ziegenkäsepralinen, wovon sich schon die Besucher der Ostfrieslandmahle überzeugen konnten. „Ich muss immer etwas Neues ausprobieren. Wenn die Blütezeit der Wildrosen kommt, produziere ich wieder Rosenquark. Ziegenfrischkäse

Conchita Rappard

ist entgegen der landläufigen Meinung sehr mild. Und auch die Frischmilch ist sehr lecker. Vor allem ist sie gut verträglich. Obwohl genauso fett wie Kuhmilch, ist die Struktur der Eiweiß- und Fettmoleküle viel feiner und somit besser verdaulich“, erzählt Conchita Rappard mit großer Überzeugung.

70 Ziegen mit Nachzucht stehen im Stall. Jetzt im März ist wieder Melkzeit, die Muttertiere haben abgelammt und die Lämmer sind kräftig genug, um mit Milchaustauscher zurecht zu kommen. Nur die Nachzügler nuckeln noch bei der Mutter. „Ich habe Holländer Schecken, weiße deutsche Edelziegen und Toggenburger, eine Schweizer Rasse. Optimal sind für mich zum Melken 50 Tiere. Ich suche die besten raus und züchte damit weiter“, so die inzwischen versierte Fachfrau.

Gefüttert werden die Tiere nur mit Heu von den nachbarlichen Grünflächen, denn Silo würde sich negativ auf den Käse auswirken und im Sommer tummeln sie sich auf den grünen Hofwiesen. Und mit der Vernetzung klappt es auch immer besser. Demnächst, wenn auch die Lämmer der Schafe kräftig genug sind, steht Conchita Rappard mit einer Kollegin aus Leer, die Schafkäse herstellt, auf dem Weeneraner Wochenmarkt – die Rheiderländer wird`s freuen.

Angemachter Ziegenfrischkäse mit lauwarmem Radieschen-Pfifferlinge-Salat

350 g	Ziegenfrischkäse
50 g	Butter
6 cl	Grappa oder deutschen Tresterbrand
350 g	frische Pfifferlinge
1 kl.	Zwiebel
10 g	Butterschmalz
20	kleine Radieschen
50 g	glatte Petersilie
1	gelben Friseèsalat (oder einen anderen, strukturfesten Salat)
12	Kirschtomaten
4 cl	Balsamico-Essig
6 cl	Traubenkern-Öl
	Salz, Pfeffer

Ziegenfrischkäse mit der Küchenmaschine aufrühren. Mit Salz, Pfeffer und Grappa abschmecken. Butter erwärmen und zum Frischkäse geben. Kalt stellen (2-3 Std bzw. am Vortag). Radieschen waschen, putzen und vierteln. Pfifferlinge unter fließendem Wasser gründlich waschen und trocknen. Friseèsalat waschen und trocken schleudern. Ebenso die Petersilie, die dann fein geschnitten wird. Zwiebel schälen und in feine Streifen schneiden. Pfifferlinge in Butterschmalz bei großer Hitze anbraten. Hitze komplett abdrehen, Zwiebel dazu geben und weiter ziehen lassen. Geschnittene Petersilie unterheben. Die geschnittenen Radieschen, den Friseèsalat, halbierte Kirschtomaten und die noch warmen Pfifferlinge in eine Schale geben, mit dem Balsamico-Essig, dem Traubenkern-Öl, Salz und Pfeffer abschmecken und jeweils als Salatkranz auf vier Tellern anrichten. Den Ziegenfrischkäse mit zwei großen Suppenlöffeln zu Nocken abstechen und mittig im Salat anrichten. Wenn Sie einen Creme-Bruleè – Brenner haben, den Käse mit etwas Honig bepinseln und von oben leicht bräunen. Rezept: Fährhaus Nessmersiel

DER OSTFRIESISCHE FEHNHOF

Südgeorgsfehner Leidenschaften – vom Kochen können....

Südgeorgsfehn

„Kleine Jungs wollen Lokomotivführer oder Pilot werden. Ich wollte immer Koch werden, ich bin`s geworden und habe es nie bereut“, stolz steht der Küchenmeister vor der Theke, die verschiedene Kochbücher ziert, die Ayelt Peters geschrieben oder an denen er mitgewirkt hat. Dabei kommt der Koch gar nicht aus einer traditionellen Gastwirte-Familie, wie so viele seiner Zunft. Gelernt hat er in Aurich und dann als Jungkoch im Blauen Fasan in Wiesmoor gearbeitet. Neben einigen anderen Stationen war er im Kempinski in Berlin aktiv und dann zog es ihn in die Schweiz – gute Küche, gute Bezahlung und Erfahrungen sammeln, das waren die Triebkräfte. Aber Freunde wollten ihn in der Region halten. Ayelt Peters nahm ein Angebot in Ostfriesland an, und so ist der Region ein heimatverbundener und kompetenter Koch erhalten geblieben – tja, und dann kam Helma, die als Restaurantfachfrau in diesem Betrieb arbeitete. So wie sich in der Gastronomie der Service und die Küche manchmal behakeln, so ging es auch den beiden - bis es funkte!

Heute sind sie seit über 30 Jahren die Seelen des Fehnhofs, der weit über die Region hinaus für seine regionale und gute Küche bekannt ist. „Es war schon ein großes Risiko, hier so abgelegen ein Restaurant zu eröffnen. Ursprünglich war das hier die Dorfkneipe, die von meinem Onkel Martin und seiner Frau Henny betrieben wurde. Das Haus wiederum war das Elternhaus vom Kapitän und Reeder Horst Werner Janssen aus Elsfleth. Als Herr Janssen sich mit dem Gedanken trug, aus der Dorfkneipe ein Restaurant zu machen und sein Elternhaus komplett nach alten Vorgaben restaurieren zu lassen, hat er uns gefragt, ob wir ihn bei diesem Plan unterstützen und die gastronomische Leitung übernehmen wollen.

Das war schon mutig von ihm, aber er hat es sicher nicht bereuen müssen. Über seine Kontakte haben wir anfangs viele Gäste gehabt, die von weit her angereist sind und das ist bis heute so geblieben. `Ihr erhaltet mir mein Elternhaus` ist immer sein Satz, wenn er mit Freunden zum Essen kommt“, erzählt Helma Peters. Das Einzugsgebiet des Fehnhofs reicht außerhalb Ostfrieslands von Wilhelmshaven über Oldenburg bis nach Bremen.

Ayelt Peters

Die beiden Ostfriesen fühlen sich seit eh und je mit Ostfriesland eng verbunden. „Das ist unsere Heimat und das Regionale in der Küche war für uns immer eine Selbstverständlichkeit. Wir haben immer schon in der Nähe eingekauft, also unsere heimische Wirtschaft unterstützt. Das war früher sowieso so, und wir haben das einfach beibehalten. Der Schäfer für unser Lammfleisch hat seine Weideflächen gleich um die Ecke.

Das Bio-Gemüse bekommen wir von Ter Veen aus Großoldendorf. Er hat hier seinen 60. Geburtstag gefeiert hat und wollte natürlich kein Gemüse vom Großmarkt. Seine Erzeugnisse haben wir ausprobiert, wir waren mit der Qualität sehr zufrieden und nun beziehen wir alles von ihm. Wenn die Jäger nach der Jagd in unserem Backhaus ihr Abendessen einnehmen, bleibt fast der gesamte Jagd-Ertrag gleich bei uns", so Ayelt Peters. Der Koch verarbeitet ganze Tiere und kreiert auch aus den weniger „edlen" Teilen interessante Variationen. Die traditionellen ostfriesischen Gerichte sind verfeinert und kommen im neuen Gewand daher – zum Beispiel „Updröögt Bohnen mit Zander und einer feinen Kräutersauce" statt mit Speck. „Wenn wir aber viele hundert Gäste bewirten müssen und der Kunde auf den Preis schaut, dann kaufen wir auch schon einmal auf dem Großmarkt ein, das geht dann gar nicht anders. Aber wir kommunizieren das auch ehrlich mit unserer Kundschaft", erklärt Helma Peters das Einkaufsverhalten der Küche.

Besonders beliebt sind die Veranstaltungen des Fehnhofs, bei denen auch die Bevölkerung rund um Südgeorgsfehn gerne mit dabei ist. Zum Beispiel das schon legendäre „Dinner Criminale" oder auch jahreszeitlich ausgerichtete Menüs mit musikalischem Programm.

Der schön restaurierte Fehnhof ist nun schon seit über hundert Jahren in Familienbesitz und die beiden Peters haben es geschafft, dort eine angenehme Atmosphäre zu schaffen. Die Räume sind behaglich eingerichtet und werden entsprechend den Jahreszeiten von der Chefin mit frischem Blumenschmuck dekoriert und im Winter prasselt ein Feuer im alten Kamin. Da sind Essen und Umgebung stimmig.

Das folgende Menü hat in einigen Grundbestandteilen Bezüge zur ostfriesischen Küche. Es handelt sich zwar nicht um Klassiker der Region, aber es spiegelt die Leidenschaft des Küchenmeisters zu den Produkten seiner Heimat wieder.

Südgeorgsfehner Krabbentorte an Salat

Bärlauch-Süppchen mit Roulade vom Steinbeißer

Südgeorgsfehner Deichlammrücken mit einer Kräuterkruste gegart mit buntem Bohnengemüse und Rosmarinkartoffeln

Ostfriesische Teecreme

Südgeorgsfehner Krabbentorte an Salat

Tortenbasis: Pfannkuchen

175 g	Weizenmehl
175 g	Buchweizenmehl
6	Eier
1 L	Milch
50 g	Petersilie
300 g	Creme double
50 g	fein gehackten Dill

Buchweizen- und Weizenmehl mit den Eiern und der Milch zu einem glatten Teig vermengen. Die feingehackte Petersilie unter den Teig heben. Aus diesem Teig hauchdünne Pfannkuchen backen und kalt stellen.

Tortenmasse

300 g	Creme double
50 g	fein gehackter Dill
6 Blatt	weiße Gelatine oder Agar Agar
200 ml	Sahne
4	Tomaten
400 g	frische Nordseekrabben
Zum Abschmecken	Zitronensaft, weißer Pfeffer

Creme double steif schlagen, mit Dill, Zitronensaft und Pfeffer abschmecken. Gelatine in kaltem Wasser etwa 5 Minuten einweichen und unter 200 ml leicht erwärmte Sahne ziehen. Die Tomaten oben kreuzweise einschneiden, kurz in kochendes Wasser tauchen, die Haut abziehen, entkernen und in kleine Würfel schneiden. Die Krabben mit den Tomatenwürfeln unter die Sahne geben. In eine Springform einen Buchweizenpfannkuchen legen, einen Teil der Masse darauf verteilen und schichtweise weiter so verfahren. Die Torte mit kleinen Sahnetupfern und Dillsträußchen garnieren. Ein Tortenstück mit Blattsalaten servieren.

Die Krabbentorte kann am Vortag vorbereitet werden. Zu der Torte kann man auch etwas Honig-Senf-Sauce geben.

Honig-Senf-Sauce - Graved Sauce

50 g	Mayonnaise
50 g	Senf
50 g	Honig
1 EL	gehackten frischen Dill

Zu einer cremigen Sauce verrühren.

Salat mit Kartoffel-Dressing

	Verschiedene Blattsalate
30 g	Speck
30 g	Zwiebeln
100 g	frisch gekochte Kartoffeln
½	Tasse Gemüsebrühe
2 EL	Pflanzenöl
1 EL	Balsamicoessig
1 EL	Weißwein
	Salz, Pfeffer

Speck und Zwiebeln in feine Würfel schneiden. Die noch heißen Kartoffeln durch eine Presse drücken. Speck und Zwiebeln in Pflanzenöl kross anbraten und in eine Schüssel geben. Den heißen Kartoffelbrei ebenfalls in die Schüssel geben, alle Zutaten vermengen, mit Gemüsebrühe verdünnen und dann das Dressing mit Öl, Essig, Wein, Salz und Pfeffer abschmecken. Dressing warm über den gewaschenen und geschleuderten Salat geben.

Bärlauchsüppchen mit Roulade vom Steinbeißer

Die Suppe

150 g	Bärlauch
1	Zwiebeln
1	dünne Stange Lauch
3	Kartoffeln
800 ml	Gemüsebrühe
200 ml	Weißwein
100 ml	Sahne
1 EL	Butter
	Salz, Pfeffer

Zwiebel in Butter glasig dünsten, kleingeschnittenen Lauch und kleingewürfelte Kartoffeln zugeben und mit dünsten. Mit Brühe auffüllen und leise gar köcheln lassen. Zehn Minuten vor dem Garpunkt kleingeschnittenen Bärlauch und Weißwein zugeben. Zum Schluss die Suppe pürieren, Sahne zugeben, kurz aufkochen lassen. Mit Salz, Pfeffer und einer Prise Zucker abschmecken.

Roulade vom Steinbeißer

400 g	Steinbeißerfilet
1	mittlere Zwiebel
1	Fleischtomate
	Salz, Pfeffer, Zitronensaft zum Abschmecken

Die Fischfilets flach klopfen , mit Salz, Pfeffer und Zitronensaft würzen. Die Zwiebel schälen und in Streifen schneiden; die Fleischtomate häuten (s.o.), entkernen und ebenfalls in Streifen schneiden. Mit den Zwiebeln in Butter schwenken, bis sie fast gar sind. Die Masse in ein Sieb geben und abtropfen lassen. Die Steinbeißerfilets in zwei rechteckige Stücke schneiden, auf Klarsichtfolie legen, die Füllung darauf verteilen und den Fisch mit der Folie auf ein Stück Alu-Folie legen. die Roulade aufrollen, ganz fest mit den beiden Folien umwickeln und an den Enden wie ein Bonbonpapier zusammendrehen. In kochendem Salzwasser ca. 20 Minuten ziehen lassen, vorsichtig auspacken. Die Roulade mit einem elektrischen Messer in Scheiben schneiden und die Röllchen in die heiße Suppe geben.

Südgeorgsfehner Deichlammrücken mit einer Kräuterkruste gegart, mit buntem Bohnengemüse und Rosmarinkartoffeln

800 g	Lammrücken
200 g	Zwiebeln
200 g	Möhren
200 g	Sellerie
200 g	Lauch
2 EL	Tomatenmark
	ein guter Schuss Rotwein
1	Knoblauchzehe aus der Presse
600 g	frische grüne Bohnen
1	Zwiebel
1 Dose	(400 g) Kidney-Bohnen, gut abgetropft
16	kleine Pellkartoffeln
16	dünne Speckscheiben
	Ein kleiner Zweig Rosmarin
	Salz, Pfeffer zum Abschmecken

Den Lammrücken vom Schlachter auslösen (die Knochen braucht man für die Sauce) und parieren (Fleisch von Fett und Sehnen befreien) lassen. Für die Sauce die gehackten Knochen des Lammrückens in Olivenöl scharf anbraten. Die Zwiebeln schälen und in grobe Würfel schneiden, jeweils Möhren und Sellerie schälen und in Stücke schneiden, Lauch in Ringe schneiden und gründlich waschen. Das gesamte Gemüse mit den Knochen anbraten, dann Tomatenmark dazugeben und gut unterrühren. Das Ganze mit Rotwein ablöschen und mit Wasser auffüllen. Die Sauce 3-4 Stunden leicht köcheln lassen und dabei immer wieder mit etwas Wasser auffüllen. Während des Köchelns die Sauce mit Salz, Pfeffer und etwas Knoblauch aus der Presse würzen. Am Ende die Sauce durch ein feines Sieb passieren. Der Ansatz der Sauce eignet sich für alle Fleischsorten, wobei man für Kalb Weißwein, für Rind Rotwein und für Schwein Weiß- oder Rotwein nimmt.

Die Bohnen putzen und in Salzwasser al dente garen. Die Zwiebel schälen und in feine Würfel schneiden. Die Würfel in Öl andünsten, die grünen Bohnen und die Kidney-Bohnen dazugeben und alles mit mit Salz und Pfeffer aus der Mühle abschmecken.

Die kleinen Pellkartoffeln kochen und pellen, die Speckscheiben mit fein gehacktem Rosmarin bestreuen, die Pellkartoffeln damit umwickeln. Die Kartoffeln in heißem Olivenöl kross braten.

Kruste für Lammbraten

1	Knoblauchzehe
je 2 TL	Rosmarin, Thymian
2 EL	Petersilie
250 g	weiche Butter
2 TL	Parmesan
120 g	Paniermehl
	Salz, Pfeffer

Knoblauchzehe fein hacken, Kräuter fein hacken. Alle Zutaten unter die Butter mischen, Parmesan hinzufügen, vermengen. Mit Salz und Pfeffer abschmecken und kalt stellen.

Den Lammrücken in der Pfanne von beiden Seiten jeweils ca. 2-3 Minuten anbraten, dann mit dünnen Scheiben von der Lammkruste belegen und unter den Grill des vorgeheizten Backofens stellen. Den Lammrücken bei 220° solange im Ofen lassen, bis die Kruste goldbraun ist (etwa 10 Minuten, hängt von der Dicke des Fleisches ab). Das Fleisch in Portionsstücke schneiden und mit den Bohnen, der Sauce und den Rosmarinkartoffeln servieren.

Ostfriesische Teecreme

5 TL	Teeblätter
500 ml	Milch
3	Eier
100 g	Zucker
50 ml	Sahne
4 EL	Rum
6 Blatt	weiße Gelatine oder Agar Agar

Die Teeblätter mit 300 ml kochender Milch überbrühen und 5 Minuten ziehen lassen. Die Milch durch ein Sieb gießen und die Teeblätter gut ausdrücken. Die Eier trennen und die Eigelbe mit Zucker schaumig schlagen. Die restliche Milch, die Sahne und die Teemilch aufkochen und unter ständigem Rühren zu der Ei-Zucker-Masse geben. Anschließend die Masse noch einmal erhitzen, aber nicht kochen. Den Rum unterrühren.

Die Gelatineblätter einweichen (s.o.), ausdrücken und unter die Creme rühren. Die Creme entweder in eine Schüssel oder in Teetassen füllen und erkalten lassen. Zum Servieren noch einen Sahnetupfer auf die Creme spritzen oder mit Minzeblättern garnieren.

HEIKES MOORHOF

Naturbelassener Schafkäse auf dem Archehof

Friedeburg-Bentstreek

Beim Begriff naturnah sträuben sich den bio-zertifizierten Betrieben gleich die Nackenhaare, bezeichnen sich doch viele Betriebe so, ohne die strengen Auflagen der Bio-Verbände zu befolgen oder sich der aufwändigen Prozedur der Zertifizierung zu unterziehen. Auf Heikes Moorhof läuft das alles andersherum, und die Bio-Zertifizierung kann genau aus einem ökologischen Grund nicht erfolgen, denn den Gerbrachts ist es aus Naturschutzgründen nicht erlaubt, mit Naturdünger zu düngen, sie müssen mit Kunstdünger arbeiten, der bei Bio-Betrieben nicht erlaubt ist. Unter dem Grünland befindet sich nämlich ein vollkommenes Hochmoor und das Grünland dient quasi als Puffer. Würden die Gerbrachts mit Naturdünger das Weidegras düngen, würden die Bodenbakterien beflügelt und das Hochmoor angreifen. So ist aus ökologischen Gründen eine ökologische Bewirtschaftung nicht möglich – paradox, nicht wahr? Für eine Rinderhaltung würde der Nährstoffgehalt des Grünlandes eh nicht ausreichen und so ist die Schafhaltung, sowieso die traditionelle Tierhaltung im nährstoffarmen Moorboden, die geeignetste Form der Viehhaltung in der Nähe des Lengener Moores. Dabei ist auch der Kunst-Dünger-Eintrag wesentlich geringer als allgemein üblich, denn die Familie Gerbracht betreibt eine extensive Landwirtschaft mit einer großen Liebe zu den Tieren. Auf den etwas mehr als 7 ha werden die Schafe in Gruppen gehalten. Die einjährigen Tiere werden erst im zweiten Lebensjahr gedeckt, und so müssen die Böcke im ersten Lebensjahr von den einjährigen Schafen ferngehalten werden. „Dann sind diese stabiler und die erste Geburt im Frühjahr macht ihnen nicht so viel zu schaffen. Natürlich ist eine solche Aufzucht teuer, die Tiere kosten nur und bringen zunächst nichts ein. Aber sie lohnen es mit guter Gesundheit, einem ausgeglichenen Wesen und ausgezeichneter Milch. Ich merke auch, wenn meine älteren Schafe nicht mehr wollen, sie kümmern sich nicht mehr richtig um die Lämmer und erziehen sie auch nicht. Es ist, als würden sie mir sagen – schon wieder ein Lamm, nu is` aber mal gut!“

Eigentlich waren die Gerbrachts nach Ostfriesland gezogen, um Ruhe und Natur um sich zu haben. Beide waren noch berufstätig und sind es bis heute. Aber dann war klar, das Land verkommt, wenn es nicht ordentlich bewirtschaftet wird, und

Heike Gerbracht

Ich beobachte meine Tiere und sie teilen mir schon mit, wenn sie sich unwohl fühlen

wozu ist es schließlich da? „So hat uns die Liebe zum Land und zu unseren Tieren dazu bewogen, von den beiden ersten Schafen, ursprünglich als Rasenmäher angeschafft - das Schaf Greta wurde schließlich 16 Jahre alt - die ersten Bestände zu schaffen und mit der Milchverarbeitung zu beginnen. Ich bin von dem, was wir tun, unbedingt überzeugt. Als Heilpraktikerin weiß ich von der Gesundheitsverträglichkeit der Schafmilch. Sie ist uns von der molekularen Beschaffenheit her wesentlich näher als Kuhmilch und von daher besser verträglich. Der Fettgehalt ist allerdings auch höher, sodass wir für die Käseverarbeitung mit Wasser verdünnen müssen. Für 200 g Käse benötigen wir etwa 1 Liter Milch", so Heike Gerbracht. 30 Schafe und etwa 55 – 60 Lämmer hat die Familie im Frühjahr. Im November wird abgemolken, damit die trächtigen Schafe genug Kraft für den Nachwuchs sammeln können, im zeitigen Frühjahr werden dann die Lämmer gestillt und erst Ende Mai können die Menschen wieder die Milch nutzen.

Bei den Gerbrachts werden die Schafe etwa 8-10 Jahre alt, sie werden nicht auf Leistung getrimmt und ausgepowert, wie bei der intensiven Zucht zu beobachten ist. Sie sind ein Archehof, denn das ostfriesische Milchschaf ist bedroht. Bei den bisher weltweit 6 Genlinien wurden nun neben den weißen Schafen noch die gescheckten und die braunen ins Herdbuch aufgenommen, so erhöhten sich die Genlinien auf 8. Schauen Sie einfach mal rein, wenn Sie mit dem Fahrrad auf der Moorroute unterwegs sind und essen ein leckeres, frisch gebackenes Butterbrot aus zuvor gemahlenem Demetergetreide mit Schaffrischkäse, Kräutern und Tomate im Hofcafé.

Süße Buchweizengrütze

200 g	Buchweizengrütze
800 ml	Milch
	Prise Salz
2 EL	Butter
2 EL	Zucker

Buchweizengrütze in kochender Milch nicht zu dick ausquellen lassen. Dann unter ständigem Rühren (nicht zu heiß, brennt leicht an) nicht zu weich und nicht zu dick kochen. Eine Prise Salz hinzugeben. Beim Anrichten gebräunte Butter und Zucker darüber geben. Kann mit Früchten verfeinert werden. Rezept: Veronika Nölle

WEINDIELE

Bei einem Glas Wein auf den richtigen Tropfen achten...

Westerstede - Ihorst

Diese Empfehlung taugt ganz gut, um den Zwischenstand des bisherigen Lebens von Birgit und Lothar Kotzias auf den Punkt zu bringen. Begonnen hat es nämlich einmal völlig anders, mit einem gemeinsamen Studium der Wirtschaftswissenschaften in Paderborn, Nottingham und Bonn. Die Flexibilitätsanforderungen internationaler Konzernpolitik schienen den beiden zunehmend weniger lebensdienlich – und mit am Ende vier Kindern auch überhaupt nicht familienfreundlich. So wechselten die beiden vom großen London ins kleine Ihorst, das zu Westerstede gehört – auf einen wunderschönen Hof, der zunächst durch Birgit für kleine Feste und Weinproben angeboten wurde, während Lothar noch weiter im Management eines Unternehmens tätig war.

Das Controlling guter Weine erwies sich denn doch als zu große Versuchung, und so wurde aus der Weindiele das, was sie heute darstellt: ein Weinhandel mit klarer Bio-Orientierung. Denn was das Spritzen gar flächendeckend aus Flugzeugen für Wasser und Wein zur Folge hat, das hatten die beiden schnell mitbekommen.

Die Veranstaltungen in der Weindiele sollten denn auch authentisch sein, so wurde statt fremden Caterings bald ein eigener Koch herangeholt, und auch hier war die Linie klar: „Genießen mit Respekt vor der Natur".

Damit war der Weg schon vorgezeichnet. Mit der Pacht des Landhauses Etzhorn in Oldenburg wurde hier eine Plattform geschaffen, auf der selbständige Köche Rezepturen erarbeiten, ausprobieren und anbieten und selbständige Servicekräfte die Gäste geschlossener Gesellschaften begeistern. Die dabei verwendeten Rohwaren sind zum großen Teil einzigartig. Mit Schweinefleisch vom Düppeler Weideschwein, einer aus Berlin herangeholten robusten Rückzüchtung mit Einkreuzungen von Wildschweinen und vom Bentheimer Schwein bei völliger Freilandhaltung; mit Welsh Black und mit Hochlandrindern aus der Region. Die Schweine werden frühestens nach 5 bis 6 Monaten geschlachtet - es gibt aus tierethischen Gründen keine Spanferkel. Und die biozertifizierten Rinder leben in Mutterkuhhaltung. Die Wege zum Schlachthof sind kurz, und für das Abhängen der Edelteile sind 26 Tage die Regel. Mit Hilfe eines eigenen Zerlegers wird auf die Gesamtverwertung der Tiere geachtet. Auch für die restlichen Angebotskomponenten wird für Veranstaltungen im Landhaus Etzhorn nur mit

Birgit und Lothar Kotzias

den besten Lieferanten zusammengearbeitet - mit Kornkraft Huntlosen als Bio-Großhändler oder direkt mit kleinen Erzeugern aus der Region.

Doch zurück zum Wein, dem Kerngeschäft der Weindiele. Aus ökologischen Gründen spielt hier neben der Qualität der Transport eine wichtige Rolle, schon deshalb wird vor allem auf deutsche Weine orientiert, auch gute europäische Weine sind im Angebot, aber nicht darüber hinaus.

Zukunftsweine?

Immer mehr Menschen reagieren negativ auf bestimmte Inhaltsstoffe im Wein. Die Spritzmittel sind bei Bio per Definition schon außen vor. Darüberhinaus gibt es im Sortiment der Weindiele® auch schwefel- und histaminfreie Weine. Die wohl interessanteste Neuausrichtung sind Weine mit hohen Resveratrolwerten. Bestimmte Trauben wehren sich gegen den bei Nicht-Spritzen gegebenen Pilzdruck durch Erzeugung eines Abwehrstoffes, nämlich Resveratrol. Die meisten Weine haben lediglich Bruchteile von Milligramm davon aufzuweisen.

„Deutlich höhere Werte erreichen wir durch eine clevere Kombination von Traube, Klima und Winzerverhalten im Weinberg. Hier finden in verschiedenen Weinbergen augenblicklich ganz spannende Projekte statt“, so Lothar Kotzias.

Bleibt abschließend zu sagen: „Wein trinkt man in Maßen“ – 0,15 L die Frau, 0,25 L der Mann. So die Empfehlung der WHO. Das mag so manchem, der gerne guten Wein trinkt, etwas wenig erscheinen, aber über die Menge muss jede/r schließlich selber entscheiden.“ Die Weindiele® von Birgit und Lothar Kotzias hat jedenfalls genügend guten Wein im Angebot....

Wir vertreiben größtenteils Weine aus Deutschland, Österreich und einige aus Südeuropa, schon, um Transportemissionen zu vermeiden

HOTEL ZUR POST

„Der Gast ist König, so sind wir aufgewachsen"

Wiesmoor

Einige Zimmer mit Etagenbad, eine Gaststätte und ein jung vermähltes Paar, das in der Nachkriegszeit nach all den Wirren heimisch werden wollte. Günter Wagner, gelernter Konditor mit einem gutem Kontakt zu den Gästen, Johanne Wagner, eine Frau mit unermüdlichem Einsatz. So fing es einmal mit dem Hotel zur Post an, als Wiesmoor noch eine relativ unbedeutende Kleinstadt in Ostfriesland war, deren gärtnerisches Engagement als Blumenstadt sich erst noch entwickelte. Die Gäste waren häufig Mitarbeiter des nahegelegenen Kraftwerks oder alt eingesessene Wiesmoorer, Leute also, die ordentlich was auf dem Teller haben wollten. „Ich bin mittendrin aufgewachsen und habe das Gastronomiegewerbe von klein auf erlebt. Meine Eltern waren sehr freundliche und kommunikative Menschen, und wie wichtig die Kommunikation mit den Gästen ist, habe ich über sie erfahren. Meine Mutter kommt heute noch jeden Tag ins Restaurant. So etwas wie eine Trennung von Arbeit und Freizeit gab es gar nicht, Vorrang hatte immer der Betrieb. Das war auch bei meiner Frau und mir so, und unsere Söhne sind ähnlich aufgewachsen wie wir," so der Wagner-Sohn Erich, der heute mit seiner Frau Monika, die das Hotel- und Gaststättengewerbe erlernt hat, das inzwischen auf hohem Niveau restaurierte Hotel und Restaurant betreibt.

Natürlich wollte der Sohn Erich über Wiesmoor hinaus, Neugierde und der Wunsch nach neuen Erfahrungen trieben ihn. So lernte er beim Sternekoch Bittlingmeier in Bad Zwischenahn und kochte in verschiedenen Restaurants im norddeutschen Raum. Dazwischen baten die Eltern den Sohn immer wieder um Hilfe und Unterstützung für die Gaststätte in Wiesmoor und die Gäste registrierten sehr genau, was der Sohn so kochte. Somit rückte eine Zeit der Entscheidung näher für das junge Paar - ein eigenes Restaurant irgendwo oder in das elterliche Unternehmen einsteigen? Letztendlich haben sich Erich und Monika Wagner für Wiesmoor entschieden, weil hier Bodenständigkeit korrespondiert mit sozialer Zusammengehörigkeit und sie die Gewissheit hatten, dass sich über das seit vielen Jahren entwickelte Vertrauensverhältnis zwischen Gästen und Inhabern auch eine andere Küche parallel zur Traditionsküche entwickeln

Monika und Erich Wagner

Wir lassen uns gerne von Kollegen inspirieren. Um gut zu essen, nehmen wir auch schon mal weite Strecken in kauf. Daraus entstehen nicht selten ganz neue Geschmackskreationen für unser Haus

könnte. „Wir haben hier die alten Wiesmoorer, die wollen die Traditionskarte, das ist gute, einfache und bodenständige Küche, bei der sie wissen, dass sie unter meiner Leitung auch gute Produkte bekommen, und dann kommen die ‚Liebhaber der Gaumenfreuden', die ein traditionelles Essen durchaus schätzen, aber in feinerer Zubereitung, weniger opulent, und die offen sind für geschmackliche Überraschungen. Wir gehen selber gerne essen und probieren Neues aus, was ich dann, mit meiner eigenen Erfahrung, neu umsetze. Wenn wir nicht selber leidenschaftliche Esser und Geschmacksfanatiker wären, hätten wir nicht diesen Beruf. Ich achte auf die Produkte aus der Region und weiß einfach, dass sie besser schmecken. Leider ist das Angebot hier noch zu begrenzt", so der Küchenchef. Daneben lebt Erich Wagner auch noch seine zweite Leidenschaft als Sportlehrer im Kampfsport aus, was noch eine Alternative zum derzeitigen Beruf gewesen wäre. „Ich bin froh, beide Leidenschaften zusammen leben zu können. Gerade die Kinder zu trainieren macht ganz großen Spaß."

Wie offen Erich Wagner für neue Geschmacksrichtungen ist, zeigt folgendes Beispiel: vor etwa 15 Jahren bot ihm ein alter Wiesmoorer Bärlauch an. Daraus kreierte der Koch dann sein erstes Capuccino-Bärlauchsüppchen im Glas, eine absolute Novität zu dieser Zeit, als Bärlauch in der deutschen Küche noch gänzlich unbekannt war. "Ich liebe die Vielfalt, mit der man Suppen variieren kann, da probiere ich alles mögliche aus - natürlich aus selber hergestellten Basis-Fonds."

Highlights des Restaurants sind die Überraschungsmenüs, die auf die manchmal begrenzt verfügbaren, aber besonders ausgefallenen und frischen Angebote ausgerichtet sind und neben der „normalen" Karte angeboten werden.

Probieren geht über studieren – hier das besondere Menü aus dem Hotel zur Post:

Rote Bete Carpaccio mit Trüffelöl und Schafkäse

Karotten-Ingwersuppe mit frischen Nordseekrabben

Weißer Heilbutt mit Wirsing, roten Linsen und Klei-Kartoffeln

Quarknocken auf ostfriesischer Bohntjesopp

Rote Bete Carpaccio mit Trüffelöl & Schafkäse

4	kleine Rote Bete vorgegart
	Trüffel-Öl
	Balsamicocreme
	Salz und Pfeffer aus der Mühle
200 g	Schaffrischkäse

Die rote Bete in hauchdünne Scheiben hobeln (Gemüsehobel), dann auf vier Tellern schuppenförmig anrichten, etwas Trüffel-Öl, Balsamicocreme, Salz, Pfeffer und den Schaffrischkäse darauf geben. Fertig!

Karotten-Ingwersuppe mit frischen Nordseekrabben

200 g	Nordseekrabben
2	Schalotten
20 g	frischer Ingwer
400 g	Karotten
700 ml	kräftige Gemüse-Brühe
	Salz, Pfeffer aus der Mühle
1 Dose	Kokosmilch
200 ml	Sahne
	Etwas kalte Butter
	Etwas Zucker

Schalotten, Ingwer und Karotten schälen, in dünne Scheiben schneiden und alles in heißem Öl farblos anschwitzen, mit etwas Zucker bestreuen und leicht karamellisieren, danach die Brühe aufgießen und ca. 30 Minuten köcheln lassen. Dann die kalte Butter, danach Kokosmilch und Sahne zufügen und alles mit dem Pürierstab durchmixen. Mit Salz und Pfeffer abschmecken. Krabben in vier Suppentassen verteilen und die heiße Suppe einfüllen, eventuell mit Kokoschips garnieren.

Weißer Heilbutt mit Wirsing, roten Linsen und Klei-Kartoffeln

600 g	weißer Heilbutt
	Meersalz aus der Mühle
2 Zweige	Thymian
1 EL	Butter
1 EL	Rapsöl zum Anbraten (für den Fisch)
4	große Klei-Kartoffeln
4 EL	Rapsöl zum Anbraten (für die Kartoffeln)
160 g	rote Linsen
160 g	Wirsing
	Gemüsebrühe
	Etwas kalte Butter, Salz und Pfeffer aus der Mühle

Den Heilbutt in vier gleich große Teile schneiden und mit den Thymianzweigen in etwas Rapsöl von beiden Seiten kross anbraten. Bevor der Fisch aus der Pfanne genommen wird, noch etwas kalte Butter in die Pfanne geben, den Fisch darin noch kurz ziehen lassen. Mit Meersalz würzen.

Den Wirsing in feine Streifen schneiden und in etwas Gemüsebrühe dünsten, die Linsen ebenfalls in etwas Gemüsebrühe ca. 5 – 10 Minuten kochen. Beides auf ein Sieb abseihen und dann miteinander vermischen, mit etwas Butter in einer Pfanne anschwitzen, die Mischung mit Salz und Pfeffer abschmecken, eventuell noch ein paar frische Kräuter untermischen. Die Klei-Kartoffeln schälen und in feine Würfel schneiden, die Würfel in einer heißen Pfanne in etwas Rapsöl kross braten, pfeffern und salzen.

Quarknocken mit ostfriesischer Bohntjesopp

500 g	Magerquark
50 g	Grieß
50 g	Mehl
4	Eier
1 Päckchen	Vanillezucker
2 EL	Zucker

Alle Zutaten zu einer geschmeidigen Quarkmasse vermengen. Wasser in einem großen Topf zum Kochen bringen, mit zwei feuchten Löffeln Nocken von der Quarkmasse abstechen und vorsichtig ins nicht mehr kochende Wasser geben. Sobald die Nocken an die Oberfläche steigen, noch 3 Minuten ziehen lassen (nicht kochen). Etwas Semmelbrösel in heißem Fett anrösten und die Nocken vorsichtig darin wenden. Dann die noch warmen Nocken auf einem tiefen Teller mit etwas ostfriesischer Bohnensuppe anrichten.

Ostfriesische Bohntjesopp – gleich einmal ein Vorrat, Kinder kommen ja immer

1 Flasche	Branntwein
500 g	Rosinen
250 g	Zucker

Die Rosinen müssen ca. 2 Wochen in Branntwein eingelegt werden! Rosinen gut abwaschen und mit dem Zucker und dem Branntwein in ein passendes Gefäß einlegen.

DIE WALLHECKEN

Eine Oase für Stiekelswien, Haas, Voss…

Von Leer bis New York reichte die grüne Linie, wären alle ostfriesischen Wallhecken hintereinander gereiht. 5.700 Kilometer – ein kulturhistorisches Zeugnis, das für Pflanzen, Tiere und Menschen viel zu bieten hat!

Eine Wallhecke ist eine gepflanzte Hecke auf einem Erdwall, die auf der Geest als Schutz vor Bodenerosion, Wildtierverbiss oder als Weidezaun angelegt wurde. Etwa zehn Millionen Stunden müssen die Ostfriesen bei der Herstellung der Wallhecken mit dem Spaten gearbeitet haben. Diese kulturelle Leistung ist vergleichbar mit der Anlage der Deiche.

Die allerersten Wallhecken wurden vermutlich errichtet, als der Mensch sesshaft wurde. Die hochgelegenen, sandigen Ackerböden der Geest mussten vor dem frei herumlaufenden Vieh geschützt werden.

Gegenüber den geschwungenen Wallhecken früherer Zeiten entstanden die meisten heutigen Wallhecken als dichtes geometrisches Netz im 18. Jahrhundert. Diese lebendigen Zäune friedeten nun auf der Geest die Nutztiere ein. Eine aufwändige Zaunanlage, die gleichzeitig auch Windschutz und Holzlieferant war.

Es wird geschätzt, dass die Ostfriesen auf diese Weise etwa 40.000 Kilometer bepflanzte Wallanlage schufen. Trotz des gesetzlichen Schutzes seit 1932 hat sich der Bestand hier drastisch verringert. Die Modernisierung der Landwirtschaft,

Eine Wallhecke ist eine gepflanzte Hecke auf einem Erdwall, die auf der Geest als Schutz vor Bodenerosion, Wildtierverbiss oder als Weidezaun angelegt wurde

die Erfindung des Drahtzauns, die Ausweitung von Wohn- und Industriegebieten führten zu einem massiven Schwund.

Mittlerweile gibt es zahlreiche Initiativen, um die verbliebenen Wallhecken zu schützen – aus kulturhistorischen und ökologischen Gründen. Denn Wallhecken bieten eine strukturreiche Landschaft, ähnlich der englischen Parklandschaft. 500 Kilometer ausgewiesene Wallheckenwege führen durch diese malerische Kulisse.

Eine der beschilderten Touren beginnt beim Wallhecken-Umwelt-Zentrum Ostfriesland in Leer-Logabirum. Hier informiert eine abwechslungsreiche Ausstellung in einem traditionellen Gulfhof inmitten der Wallheckenlandschaft über dieses interessante Landschaftselement.

Wallhecken Frühlings-Kräutersuppe

Essbare Landschaft

400 g	Frische Kräuter: Löwenzahn, Brennnessel, Sauerampfer, Pimpinelle, Breitwegerich, Giersch, Borretsch
2	Zwiebeln
40 g	Butter
2 EL	Weizenvollkornmehl
1 L	Gemüsebrühe
0,25 L	Milch
1 Becher	Creme fraiche oder saure Sahne
	Salz und Pfeffer

Brennnessel, Löwenzahn und die anderen Kräuter für einige Sekunden in stark gesalzenem und sprudelndem Wasser blanchieren. Danach mit Eiswasser abschrecken, damit die grüne Farbe erhalten bleibt. Die Zwiebeln in Butter andünsten. Die blanchierten Kräuter hacken und zu den Zwiebeln geben. Kurz mitdünsten und mit dem Mehl bestäuben. Nach Art der Sauce Bechamel wird nun das Mehl kurz mit angeschwitzt, dann wird mit Brühe und Milch abgelöscht. Acht bis zehn Minuten unter Rühren köcheln lassen, damit der Mehlgeschmack verschwindet. Danach wird die Creme fraiche oder die saure Sahne untergerührt. Mit Salz und Pfeffer abschmecken.

Rezept: Christine Wölke, Cateringunternehmen und Veranstaltungshaus Alter Brunsel Rhauderfehn, Wallheckenostfrieslandmahl

KLEIN BURHAFE

Langsam gewachsen und immer an der frischen Seeluft

Südbrookmerland

„Klein Burhafe - ein ostfriesischer Gulfhof mit Tradition", das sagte sich Hanne Holi und war fest entschlossen, den familieneigenen Hof zu übernehmen. Die langjährigen Pächter gingen in den Ruhestand und Hanne und ihr Mann Michael nutzten im Jahr 1996 die Chance: „Wir wollten keine für Mais umgebrochenen Weiden oder jede Menge Gülle um uns herum, sondern selber bestimmen, was mit unserem Hof passiert", so Hanne Holi.

Der große Gulf ist wie geschaffen für individuelle Feste bis zu 150 Personen und der alte Pferdestall lädt zum gemütlichen Miteinander kleinerer Gesellschaften ein. So organisieren sie auf Klein Burhafe Hochzeiten, Weinproben und allerlei Schmeckereien: Michael hat als Österreicher Weine und Spezialitäten im Angebot. Die Welsh Black-Rinderzucht und der Vertrieb ihrer hofeigenen Bio-Rindfleischerzeugnisse liegen den beiden ganz besonders am Herzen.

Die Wahl der Rinderrasse war wohlüberlegt. „Wir haben Fleisch von verschiedenen Rassen probiert", so Michael, „und waren vom Welsh Black-Rind total begeistert." Die Tiere stammen ursprünglich aus Wales und sind optimal an das feuchte, nördliche Klima angepasst. Sie überstehen selbst harte ostfriesische Winter bei bester Gesundheit.

Auf Klein Burhafe – geologisch im Übergang zwischen Marsch und Geest – grasen nun knapp 50 Tiere in drei Generationen ganzjährig auf gut 40 ha bestem Weideland. Im Frühling, wenn die Tage wieder länger und wärmer werden, kommen die Kälber zur Welt und ernähren sich von Muttermilch. Im Winter bekommt die Herde ausschließlich hofeigenes Bio-Heu zugefüttert. „Das duftet nach Kräutern und Seeluft", sagt Hanne und schnuppert genüsslich an den goldgelben Rundballen. Silo bekommen die Tiere nie und es wird auch kein Kraftfutter zugekauft. Beide sind davon überzeugt, dass man das auch schmeckt.

Alles geht auf dem Hof sehr langsam zu, wenn es sich um die Tiere dreht. „Ich rede mit ihnen und sie erkennen mich am Geruch und an der Stimme. Man muss das natürliche Verhalten der Tiere kennen und nutzen", so Michael. Das Umweiden und

Hanne Holi mit Tochter Heide

Aussortieren der Schlachttiere geht deshalb ruhig und stressfrei vonstatten. Es wird nicht gezerrt und gestochen. Dass sich diese Philosophie beim nur wenige Kilometer entfernten Schlachter fortsetzt, ist für die beiden selbstverständlich.

Ihre Kunden finden sie auf dem Norderneyer Wochenmarkt, auf Genussmärkten in der Region oder die Abnehmer bestellen direkt. „Wir versenden unser Frischfleisch spezialverpackt", so Hanne, die ihre Welsh Black-Liebhaber auch in der Ferne erreicht. „Für die schnelle Küche produzieren wir Gulasch, Braten und Hacksteaks im Glas. Nach traditionellen Rezepten machen wir luftgetrocknete Salami, Leberwurst und Nagelholz, eine besondere ostfriesische Spezialität", so Michael. Dabei lässt er jeden Kunden probieren – zutiefst überzeugt von dem, was er anbietet.

Und was freut die beiden besonders? Sie haben Kinder und Enkel, die sich lebhaft an der Verwirklichung ihrer Vision der nachhaltigen und auch wirtschaftlich zukunftsorientierten Nutzung des Gulfhofes Klein Burhafe beteiligen.

Nagelholz

Nagelholz hat nichts mit dem Hämmern eines Handwerkers zu tun - Nagelholz nennt man in Ostfriesland sehr hart gewordenes tiefdunkles Dörrfleisch vom Rind, das eine schon immer recht teure Spezialität war. Auch wohlhabende Bauern leisteten sich nur zu besonderen Ereignissen Nagelholz auf dem Tisch.

Das Fleisch aus Edelteilen wird etwa drei Wochen in Salzlake eingelegt. Man kann Rotwein oder auch Kräuter hinzufügen. Danach wird das Fleisch in einem trockenen, kühlen Raum so lange zum Trocknen aufgehängt, bis es knapp 50% des Ursprungsgewichts verloren hat. Früher wurde durchaus auch Pferdefleisch verwendet. Oft wird das Nagelholz mit Bündener-Fleisch verglichen, aber jenes ist immer aus Schinken und wird in eine Form gepresst.

Nagelholz wird hauchdünn aufgeschnitten und schmeckt hervorragend mit Butter und frischem Bauernbrot.

Unsere Viecher sind ganzjährig draußen und bekommen im Winter ausschließlich Heu aus eigenem Anbau. Das schmeckt man

ALTE SCHEUNE

Ein Traditionshaus auf Erneuerungskurs

Moormerland

35 Jahren gab es das Restaurant „Alte Scheune“ in Jheringsfehn in Moormerland mit hierzulande vertrautem Angebot: Schnitzel in den verschiedensten Variationen und insgesamt über 90 Gerichte auf der Karte – alles das, was man gerne „gutbürgerlich“ nennt. Dann kam der Wechsel. Ein junges Paar, Sascha Fähmel und Maren Fähmel-Blumenberg, übernahm im September 2010 das Restaurant, entrümpelte radikal die Speisekarte und setzte neue Akzente, als wären hier „junge Wilde“ am Werk. Für die Gäste zunächst ein nicht leicht nachzuvollziehender Vorgang. Außer Skepsis gab es aber auch Neugier: am Tag der Offenen Tür zur Eröffnung des Restaurants erschienen 270 Gäste, bunt gemischt, die in Form von Fingerfood die neuen Kreationen kosten konnten.

Inzwischen wissen viele die leichte und interessante Küche zu schätzen. Neben raffinierten Gerichten finden auch die klassische Roulade und der Gänsebraten ihren Platz, und zwar in besonders guter Qualität. Mit diesem Mix aus traditioneller und moderner Küche möchte die „Alte Scheune“ eine gesunde Abwechslung schaffen.

„Wir bieten hier die traditionellen Gerichte vor allem saisonal und in vielen Variationen auch neu interpretiert an“, so Sascha Fähmel, der als gelernter Koch die regionale Küche sehr schätzt. „Aber nicht so schwer soll sie sein, und vor allem in guter Qualität. Die Produkte, die ich verwende, prüfe ich sehr genau. Auch bei der Verarbeitung kommen keine Geschmacksverstärker oder künstlichen Farbstoffe ins Spiel. Wir machen unsere Saucen und Grundmittel natürlich selber, und alles soll frisch und vor allem auch saisonal sein. Das wissen unsere Gäste sehr zu schätzen. Natürlich ist das immer auch ein Balanceakt, denn in unserer heutigen Zeit nehmen wir uns viel zu wenig Zeit, das Essen zu zelebrieren“.

„Bei frisch zubereiteten Speisen ist der Geschmack nicht zu verkennen, und in unserem schnelllebigem Tagesablauf findet meist beim Essen unsere Seele etwas Ruhe“, ergänzt Maren Fähmel-Blumenberg.

Sascha Fähmel hat seine Kochlehre in einem traditionellen Restaurant bei Hamburg absolviert. “Ich kann nicht sagen, dass mich das besonders motiviert hätte, also in meinem jugendlichen Alter fand ich das alles

Maren Fähmel-Blumenberg und Sascha Fähmel

Wir sind immer offen für neue Geschmackserlebnisse

ziemlich öde und ich wollte eher raus aus der Enge. Erst im Nachhinein habe ich gemerkt, was ich dort alles gelernt habe. Als ich als Küchenchef im East Hotel in Hamburg selber Lehrlinge ausbildete, habe ich mich daran gut erinnert. Wir hatten damals, wo ich gelernt habe, sämtliche Gemüsesorten, die wir in der Küche brauchten, auf dem Feld. Wir haben selber geschlachtet, zerlegt, konserviert, eingekocht und verwurstet. Das ist ein Erfahrungsschatz, aus dem ich heute noch schöpfe, wo ich die Gerüche der Produkte noch mit den Jahreszeiten verbinde."

Als die beiden sich kennen gelernt haben, war Maren Fähmel- Blumenberg im Grand Elysee Hotel in Hamburg als Veranstaltungsleiterin tätig. Im Anschluss sind die beiden nach verschiedenen Stationen das Risiko eingegangen, auf der Insel Rügen ein eigenes Restaurant zu eröffnen. Das lief gut, aber Maren zog es wieder nach Ostfriesland zu ihrer Familie. Als Restaurantfachfrau hatte sie eine Menge Erfahrung in verschiedenen Hotels im Fünf Sterne-Bereich gesammelt. „Wir wollen vorankommen, d.h. wir bilden uns weiter, und wir wollen die Herausforderungen für eine qualitativ hochwertige Gastronomie annehmen und sind sicher, dass das auch in Ostfriesland gelingen wird."

Dafür bürgt auch der Cateringbereich, den die beiden auf demselben hohen Niveau wie das Restaurant betreiben.

Gratinierter Ziegenkäse auf pikantem Feigen Chutney

Apfel-Sellerie-Süppchen

Gebratenes Rinderfilet vom ostfriesischen Jungbullen auf Kartoffelkuchen und grünem Spargel an pikanter Buttersauce

Halbflüssiger Schokoladenkuchen

Gratinierter Ziegenkäse auf pikantem Feigen Chutney

4	kleine Stücke Ziegenfrischkäse (Scheiben von einer Ziegen-Rolle)
50 g	Rucolasalat

Gratiniermasse

50 g	Butter
10 g	Paniermehl
1 EL	Tannenhonig
2 Stängel	Zitronen-Thymian
1 TL	Senf
	Salz, Pfeffer

Die weiche Butter mit dem Rührgerät schaumig rühren. Thymian vom Stängel befreien und fein hacken. Senf, Tannenhonig und den fein gehackten Zitronen-Thymian unter die schaumige Butter heben, mit Salz und Pfeffer abschmecken und das Paniermehl hinzufügen. Die fertige Masse zu einer Rolle formen, die vom Durchmesser dem Ziegenkäsetaler entspricht und kalt stellen.

Feigen Chutney

4	frische Feigen
1	kleine rote Zwiebel
½	Knoblauchzehe
½	Chilischote
15 g	Butter
60 g	Zucker
250 ml	trockener Rotwein
1	Nelke
1 EL	Speisestärke
	Salz, Pfeffer

Die vier frischen Feigen vom Strunk befreien, vierteln und zur Seite stellen. Einen Topf erhitzen und den Zucker leicht mit der Butter karamellisieren lassen. Die gewürfelte Zwiebel, die Nelke und den gehackten Knoblauch in der gebräunten Butter leicht mit rösten. Die Chili halbieren, von den Kernen befreien, klein schneiden und hinzugegeben. Mit dem Rotwein ablöschen und 6 Minuten köcheln lassen. Den Esslöffel Stärke mit etwas Wasser verrühren und den Rotweinsud leicht abbinden. Mit Salz und etwas Pfeffer abschmecken und die noch kochende Flüssigkeit über die geviertelten Feigen gießen. Nach 3-4 Minuten sind die Feigen durchgezogen und servierfertig.

Die erkaltete Buttermasse in vier Scheiben schneiden und auf die Ziegenkäsetaler legen. Den Ofen auf 200 Grad Oberhitze einstellen und den Ziegenkäse gratinieren. Falls eine zu geringe Bräunung der Kruste erfolgt, kann mit einem Creme Brulèe-Brenner nachgeholfen werden.

Jeweils eine geviertelte Feige in die Mitte eines Tellers legen und mit etwas Rotweinsud beträufeln. Auf die Feige wird nun der gratinierte Ziegenkäse gelegt und mit etwas Rucolasalat ausgarniert.

Apfel-Sellerie-Süppchen

ca. 600 g	Knollensellerie
200 g	säuerlicher Apfel
1 kleine Knolle	Ingwer (etwa 50g)
80 g	Butter
1 L	Gemüsebrühe
500 ml	flüssige Sahne
	Salz, Pfeffer, Zucker

Sellerie, Apfel und Ingwer schälen und in walnussgroße Stücke schneiden. Alles in heißer Butter in einem größeren Topf kurz andünsten. Anschließend mit der kalten Brühe aufgießen, die Suppe zum Kochen bringen und 15- 20 Minuten köcheln lassen. Sobald das Gemüse weich ist, die Sahne aufgießen und mit dem Zauberstab pürieren. Mit Salz, Pfeffer und Zucker abschmecken.

Gebratenes Rinderfilet vom ostfriesischen Jungbullen auf Kartoffelkuchen und grünem Spargel an pikanter Buttersauce

800 g	Rinderfilet
12 Stangen	grüner Spargel

Kartoffelkuchen

3,2 kg	mehlig kochende Kartoffeln
5	Eier
2 Stangen	Frühlingslauch
2 Stängel	frischer Koriander
2 El	Speisestärke
3 El	Mehl
3 El	Paniermehl
	Salz, Pfeffer, Muskatnuss

Kartoffeln kochen und abdämpfen. Die Kartoffeln müssen trocken sein. Die noch heißen Kartoffeln grob durchstampfen und zwei Eier unterheben. Mit der Speisestärke die Kartoffelmasse abbinden. Den Frühlingslauch und den Koriander fein schneiden und zu der Kartoffelmasse geben. Mit Salz, Pfeffer und etwas Muskatnuss abschmecken. Die fertige Kartoffelmasse wird nun in etwa 80 Gramm schwere Taler geformt und wie ein Schnitzel paniert (Mehl, 3 Eier, Paniermehl). Die Kartoffelkuchen werden in Pflanzenöl goldbraun ausgebraten.

Pikante Buttersauce

2	Eier
200 ml	trockener Weißwein
125 g	Butter
2 El	Sojasauce
1 El	Sesamöl
1 El	Chili for Chicken Sauce (Rote, süß-scharfe Sauce, die in der asiatischen Küche für Geflügel benutzt wird.)
	Salz, Pfeffer

Die Eier trennen, das Eigelb in eine Schale geben, Weißwein, Sojasauce, Sesamöl und das Chili for Chicken zu dem Eigelb geben und alles im Wasserbad aufschlagen und zur Rose abziehen. (Der eher poetische Fachbegriff „zur Rose abziehen" bezeichnet eine Gar-Probe, mit der sich feststellen lässt, ob eine auf dem Wasserbad erhitzte Eigelbmasse bereits die richtige Cremigkeit erreicht hat. Tauchen Sie dazu einen Kochlöffel in die Masse und pusten Sie auf den Löffelrücken. Entstehen dabei Rosenfiguren bzw. kleine wellenförmige Linien, ist die Eigelbmasse fertig.)

Vorsicht, die Temperatur darf nicht über 65 Grad steigen, ansonsten gerinnt das Ei und die Sauce ist hin. In der Zwischenzeit die Butter zum Schmelzen bringen. Die nicht zu heiße Butter wird nun Löffel für Löffel unter die zur Rose abgezogene Eimasse untergerührt. Mit Salz und Pfeffer abschmecken und die Masse an einem warmen Ort bereitstellen.

Rinderfilet

Das Filet vom Jungbullen von Sehnen und Fett befreien und in etwa 200 g große Stücke portionieren. Mit Salz und grobem Pfeffer würzen und von beiden Seiten in Pflanzenöl scharf anbraten. Am besten eignet sich hierfür eine Grillbratpfanne. Das Filet aus der Pfanne nehmen und je nach Höhe und Stärke des Fleisches (mehr oder weniger) im Ofen bei 160 Grad 4-6 Minuten weiter garen.

Den Spargel schälen und in kochendem Salzwasser garen. Pro Portion immer drei Stangen Spargel fächerförmig auf einen Teller legen. Den Kartoffelkuchen mittig auf den Spargel legen. Das Rinderfilet kommt auf den Kuchen und die Buttersauce über das Filet. Gegebenenfalls mit etwas Petersilie oder einer essbaren Blüte ausgarnieren.

Halbflüssiger Schokoladenkuchen

125 g	Zartbitterschokolade
125 g	Butter
3	Eigelb
3	Eier
70 g	Zucker
25 g	Mehl

Die Schokolade und die Butter im Wasserbad schmelzen lassen. Die Eigelbe, die Eier und den Zucker miteinander verrühren und unter die warme Schokoladenmasse heben. Zum Schluss noch das gesiebte Mehl hinzugeben.

Die Masse nun auf vier feuerfeste und gut gebutterte Förmchen verteilen und bei 180 Grad 12 Minuten backen.

Fertig ist der halbflüssige Schokoladenkuchen.

OSTFRIESEN BRÄU

Rein, reiner, am reinsten… ein Naturprodukt der dunklen Art

Bagband

Der Braumeister René Krischer hat als Rheinländer selbstverständlich in Köln, dem Mekka der Brauhäuser, die Ausbildung als Brauer und Mälzer absolviert und später in Ulm auch die Meisterprüfung abgelegt. Dem Sohn einer Gastwirtsfamilie lag die Berufswahl nach dem Abitur nicht so fern, praktisch sollte sie sein und die historisch verbriefte Nähe zwischen Brauern und Bäckern hat dann später auch noch gestimmt. Seine Frau Andrea ist eine Bäckerstochter aus Bagband.

„Ich wollte vom der Gerste bis zum Glas alles in der Hand behalten, deshalb waren wir, anfangs noch ein Kompagnon und ich, bundesweit auf der Suche nach geeigneten Räumlichkeiten für eine kleine Landbrauerei. Hier in Bagband bot sich die alte Molkerei an, das konnten wir bezahlen und im Ort waren sie froh, dass hier wieder Leben einzog“, so schildert René Krischer die Startbedingungen. Die frühere Molkerei hatte bis 1998 lange leer gestanden. Der Brauer begann nach Umbauarbeiten mit der Produktion eines dunklen Landbieres, damals noch wenig bekannt, aber so konnte er sich gleich vom Mainstream absetzen. Das Gebäude wurde neben den Produktionsräumen auch als Landgaststätte genutzt, und anfangs gab es das Bier nur dort. „Es war von Anfang an klar, dass wir nur ein naturbelassenes Bier brauen würden, also weder pasteurisiert noch filtriert. Ich weiß doch, wie sich der Geschmack durch Manipulation verändern kann. Unser Bier ist natürlich nicht so haltbar und auch empfindlicher, dafür ist es aber auch inhaltsreich und vollmundig und ich kann das, was ich tue, reinen Gewissens vertreten“, so René Krischer. In der Region hat der Brauer für sein Engagement gleich eine positive Rückmeldung bekommen bis hin zu Anfragen von großen Einzelhandelsmärkten, die diese Besonderheit ins Sortiment aufnehmen wollten. Aber das ging dem jungen Einsteiger doch zu schnell. „Ich will langsam wachsen und eine Vertriebsstruktur aufbauen, bei der ich den Überblick behalte und auch finanziell auf der sicheren Seite bleibe. In den großen Märkten steht das Bier vielleicht auch zu lange, das kann ich kaum noch kontrollieren. Ich habe schließlich Verantwortung für meine Familie und meine Mitarbeiter. Wenn man schnell zu groß wird, geht das doch meist auch zu Lasten der Qualität“. So ist der

René Krischer

Betrieb langsam, aber kontinuierlich gewachsen. Das Bier wird inzwischen über Getränkemärkte in der Region vertrieben und vor allem in der Gaststätte zu zünftigen Gerichten getrunken. Am Ostfrieslandwanderweg gelegen ist die Landbrauerei im Sommer ein Magnet für Fahrradtouristen, die gerne auch mal ein Souvenir mitnehmen.

Neben dem inzwischen guten ostfriesischen Wasser ist die Hauptzutat Malz, wovon der Brauer 2-3 Tonnen aus der Nähe von Bamberg bezieht, weil es in der Region keine Mälzerei gibt. Hopfen kommt aus Bayern. Dabei hatte Ostfriesland durchaus eine Braukultur, die aber in Vergessenheit geraten ist. Der Hopfen stammte damals aus dem Münsterland und wurde auch in heimischen Gärten versuchsweise angebaut.*

1 300 Hektoliter setzt der Betrieb im Jahr um. Gemessen an den großen Brauereien eine kleine, aber feine Nische. „Wir sind hier gut eingebunden, das braucht man auch, wenn man neu in eine Gegend kommt. Die Einheimischen geben den Touristen gerne Tipps für die Einkehr in unseren Biergarten. Dass meine Frau aus dem Ort kommt, erleichtert den Kontakt natürlich auch“. Zum Unternehmen gehört ein Biermuseum, das man besichtigen, aber über Braukurse auch Einblicke in das Brauereihandwerk bekommen kann. „Über das Museum und die praktische Vorführung kann ich den Gästen am besten die Reinheit unseres Produktes vermitteln. In der alltäglichen Produktion hat wegen der Mengen und der Hygieneauflagen natürlich auch bei uns Hightech Einzug gehalten“, so der Braumeister. Für Feste, zum Geburtstag oder für besondere Anlässe können die Kunden auch ihr eigenes Bier brauen und persönliche Etiketten benutzen oder das Equipment der Brauerei für ihre Feier nutzen.

Obwohl inzwischen alles gut „rund“ läuft im Unternehmen, lässt dem Fachmann das Brauerherz doch keine Ruhe, „ich möchte noch einmal experimentieren, sicherlich nicht in Richtung ‚Pils‘, aber vielleicht ein obergäriges oder ein Qualitätsbier mit neuen Getreidesorten kreieren – Dinkel oder so in der Richtung“, transportiert René Krischer Vorfreude auf die Erweiterung des Angebots. Die Freunde des Ostfriesen Bräus können sich also noch auf etwas gefasst machen.

Biergulasch

für 4-6 Personen

1 kg	Rindergulasch
1 kg	Zwiebeln
	Butterschmalz zum Anbraten
1 L	dunkles Landbier (Ostfriesen Bräu)
	Tomatenmark
	Paprika
	Knoblauch

Die Zwiebeln grob in Würfel schneiden. Gulasch scharf anbraten, anschließend die Zwiebeln dazu geben, anbraten und das Tomatenmark dazugeben. Anschließend mit einem kleinen Teil Bier ablöschen (ca.0,15 L), reduzieren lassen (leicht köcheln), und das Ganze 3-4 mal wiederholen (jeweils mit Bier ablöschen). Paprikastreifen nach Belieben dazu geben. Mit Salz, Pfeffer und etwas Knoblauch würzen. Restliches Bier dazu geben und leicht köcheln lassen, bis das Fleisch gar ist.

Als Beilage empfehlen wir Treberbrötchen oder ein dunkles Brot. Rezept: Ostfriesen Bräu Bagband

AROMA- UND KRÄUTERGARTEN

Es summt und brummt, kreucht, fleucht und duftet

Aurich-Middels

Zwei Hektar Garten pflegt und hegt Helga Flade-Peters, Kräuterexpertin und Kneipptherapeutin. Nutzpflanzen, Kräuter, aber auch Beikräuter, allgemein abwertend als Unkraut bezeichnet, lässt sie gedeihen, hält sie aber auch in Schach. Zum Beispiel die Gartenmelde; bunt oder kräftig rot und grün steht sie im Beet. „Das ist eine ganz alte Gemüsepflanze, die schon Goethe mochte. Sie ist dann in Vergessenheit geraten und ist Gartenbesitzern nur noch als Unkraut in Erinnerung. Daraus kann man wunderbare Gerichte herstellen, die auch farblich schöne Akzente setzen, ganz abgesehen von ihrem gesundheitlichen Wert - zum Beispiel ein „Risotto aus allen Meldearten", so Flade-Peters.

Sie hat die Liebe zu Kräutern von ihrer Großmutter geerbt in einer Zeit, als es gänzlich unmodern war, noch Selbstversorgung zu betreiben. Es gab alles im Supermarkt, ohne dass man den Rücken krumm machen musste. Die Großmutter teilte ihr Wissen mit der Enkelin und so gab es bei ihr durchaus Brennnesselklöße oder Gierschsalat, einfach alles wurde verwertet, was gerade im Saft stand. Dabei spielten die saisonalen Einflüsse eine entscheidende Rolle. „Die Erntezeit richtet sich nach der höchsten Heilkraft der Pflanze, also zu einer Zeit, wo man Gesundheit pur essen kann. „Johanni" ist so ein Datum. Nach dem 24. Juni werden die Heilkräfte der oberen Pflanze abgebaut, sie braucht die Kraft für den eigenen Fortbestand. „Nach Johanni ernte ich keinen Rharbaber mehr, weil die Oxalsäure zunimmt, oder auch der Spargel wird fad, Johanniskraut hat dagegen genau um diesen Zeitpunkt die höchste Heilkraft." Dieses uralte, heute fast vergessene Wissen teilt Frau Flade-Peters gerne mit anderen. Seit 12 Jahren führt sie Seminare durch, macht Führungen durch ihren Garten und kocht für Gruppen frisch aus den gerade reifen Pflanzen. Phytologie, die Medizin aus der Ernährung, gewinnt heute wieder an Bedeutung, setzt aber auch eine profunde Kenntnis der pflanzlichen Inhaltsstoffe und ihrer Wirkungsweise voraus. So gibt sie ihr Wissen auch an angehende pharmazeutisch-technische Assistenten weiter oder auch schon mal an Soldaten der Bundeswehr. „Die Schafgarbe, Achillea Millefolium, hieß im Volksmund auch Soldatenkraut. Sie hilft bei Magenbeschwerden, ist aber vor allem blutstillend und wundheilend. Schafgarbentinktur war ein wichtiges Heilmittel in den Lazaretts."

In dem großen Garten sind hinter einer Streuobstwiese noch ein Kneippbecken und ein Bibelgarten angelegt. „Manchmal kommen Bibelgruppen und sind ganz überrascht, welche Pflanzen schon in der Bibel erwähnt sind und dass schon dort auf ihre Heilkraft hingewiesen wurde".

Helga Flade-Peters

In meinem Garten gibt es Futter für die Bienen bis in den Herbst hinein

Risotto aus Melde, Portulakblättern und grünem Spargel

Risotto

300 g	Arborio-Reis (Risotto-Reis)
1	Zwiebel
2	Knoblauchzehen
100 g	Butter
2	Lorbeerblätter
1 dl	trockener Weißwein
1-1,5 l	Gemüsebrühe
	Pfeffer, Salz
100 g	geriebener Parmesan
	60 Blatt rote Melde, 10 Blatt bunte Melde, 10 Blatt hellgrüne Melde
	20 Portulak- oder Erdbeerspinatblätter
300 g	grüner Spargel

Zwiebeln fein hacken, in der Hälfte der Butter dünsten, Reis und Lorbeerblätter zufügen und einige Minuten unter ständigem Rühren ziehen lassen. Wein hinzufügen und verdampfen lassen. Nach und nach unter ständigem Rühren die heiße Brühe zugießen. Der Reis sollte immer knapp mit Flüssigkeit bedeckt sein. 15 Minuten (je nach Reissorte länger) unter gelegentlichem Rühren zugedeckt leicht köcheln lassen. Ist die gesamte Flüssigkeit verdampft und der Reis bissfest, den Topf vom Herd ziehen, die restliche Butter und die Hälfte des Käses unterrühren. Gut umrühren und einige Minuten zugedeckt stehen lassen.

Das Gemüse erst kurz von dem Ende der Kochzeit zugeben, gekochten grünen Spargel längs über das Risotto legen. Die andere Hälfte Parmesan darüber streuen. Rezept: Krüderee

AURICHER SÜSSMOST

Frisch gepresst und mit nichts anderem rein in die Flasche

Aurich

40 Liter Saft trinken die Deutschen pro Jahr und pro Kopf. Da lohnt es sich schon einmal genauer hinzuschauen, was man da alles in sich hinein kippt. Gerade zuckerhaltige Getränke mit Aromastoffen sind in die Kritik geraten, aber sieht man bei der Fülle des Angebotes immer auch ganz genau hin, wenn man vor dem Getränkeregal steht? Bei der Auricher Süssmost GmbH, das vertritt Inhaber Markus Meenen mit fester Überzeugung, sind sie jedoch auf der sicheren Seite, was Korrektheit und Transparenz betrifft.

Die Marke „Auricher Süssmost" gibt es seit den 40er Jahren des letzten Jahrhunderts. Geprägt wurde der Name von der ostfriesischen Gartenbaugenossenschaft, die schon damals den Süssmost entgegen der üblichen Schreibweise mit ss statt mit ß schrieb. Das hat die Familie Meenen dann beibehalten, als sie im April 1984 die Marke von der Genossenschaft in Haxtum übernahm. Alte Auricher werden sich noch an die braune Flasche mit dem Kronkorken erinnern, die schon damals 100% Direktsaft enthielt. Zu dieser Zeit wurde noch ausschließlich in Aurich Obst aus den heimischen Gärten gesammelt und zu Saft verarbeitet, das war damals noch ergiebig.

Von der Auricher Süssmost GmbH wurden die Säfte zunächst über Edeka in dann weißen Flaschen vertrieben. 1989/90 zog der Familienbetrieb auf das heutige Betriebsgelände um, mit neuen Pressen und sterilem Tankraum, der alleine 2 Millionen Liter umfasst. Zwischen 3 500 und 4 000 t Äpfel verarbeitet das Unternehmen heute jährlich, und immer noch kommen 70 % des Direktsaftes aus privaten Gärten. Dazu reicht das Gebiet in und um Aurich längst nicht mehr aus, zumal Obstgehölze in den „modernen" Gärten leider Koniferen und weniger biologische Vielfalt bietenden Gehölzen weichen mussten. Auch die Rodungsprämien in den 60er Jahren machten mancher Streuobstwiese den Garaus. Heute sammelt das Unternehmen bis ins Emsland und nach Oldenburg Obst ein. In den Sammelstellen, die über Flyer und die Presse bekannt gegeben werden, können die Menschen dann ihr Obst wiegen lassen und bekommen für beispielsweise 100 kg Früchte Gutscheine, mit denen sie 80 Flaschen Auricher Süssmost Direktsaft zu einem wesentlich günstigeren Preis einkaufen können. „Der Direktsaft ist ein Naturprodukt, das heißt, die Fruchtsäure und Fruchtsüße schwanken je nach Sorte, Bodenbeschaffenheit und Klima. Deshalb

Markus Meenen

ist für uns eine Vielfalt der Sorten immer wichtig, damit der Geschmack nicht einseitig in die eine oder andere Richtung ausschlägt. Wir kaufen die nötigen Mengen, die nicht über die Sammelstellen hereinkommen, meist im Alten Land, Werder oder in Mecklenburg-Vorpommern zu, aber wir vermeiden große Mengen an sortenreinen Ladungen. Der Gesetzgeber schreibt nämlich beim Direktsaft ein geregeltes Verhältnis von Fruchtsäure und Fruchtzucker vor, Zusatzstoffe und auch Zucker sind ja nicht erlaubt, deshalb variieren wir beim Zukauf nicht nur zwischen den einzelnen Sorten und Lagen, sondern auch zwischen den unterschiedlichen Reifezeiten. Je später im Jahr, desto süßer die Frucht", so Markus Meenen, als Inhaber auch Geschäftsführer der Auricher Süssmost GmbH, eine ausgebildete Fachkraft in der Fruchtsafttechnik, der schon vom Vater das Gewerbe von der Pieke auf erlernt hat.

„Obwohl es mit der Rücklaufquote manchmal schwierig ist und die Reinigungskosten hoch sind, bleiben wir konsequent bei der Glasflasche. Gerade bei Fruchtsäften mit ihrem natürlichen Säuregehalt ist die PET-Flasche äußerst gesundheitsbedenklich, denn sie enthält Weichmacher, deren gesundheitliche Beeinträchtigungen die großen Getränkebetreiber natürlich bestreiten, bis zum letztendlichen Beweis braucht es immer einen langen Atem, aber den wollen wir gar nicht haben, von den Geschmacksveränderungen in der PET-Flasche einmal ganz abgesehen – PET-Flaschen sind durchlässig wie Kaninchendraht. Glasflasche und sonst nichts, das ist unsere Devise!", so Meenen weiter.

Das Unternehmen vertreibt heute 43 Saftsorten – dabei werden Birnen nur aus Privatgärten verarbeitet; bei den Äpfeln wird zugekauft; den Rhabarber für den neuen, leckeren Rhabarbersaft liefert ein Landwirt aus Nienburg, denn das Angebot aus heimischen Gärten würde hier beileibe nicht reichen. „Alles was zu klein, zu krumm, zu fleckig ist, kommt zu uns. Gute Fruchtsaftverarbeitung hilft auch gegen Vernichtung von Obst, das nicht der gängigen Norm entspricht", so der Fachmann, „natürlich haben wir auch Früchte aus Südeuropa und Übersee im Angebot. Wir kaufen das Konzentrat direkt im Ursprungsland, zum Beispiel Tomaten, Pfirsiche und Trauben in Italien".

Der Absatz der Auricher Süssmost GmbH ist stabil, 60 % der Säfte gehen in die Gastronomie, 40 % in den Lebensmitteleinzelhandel.

Kleine Saftkunde

Die Getränkeregale im Supermarkt sind reihenweise mit Saft bestückt, aber Saft ist nicht gleich Saft.

Muttersaft

Das ist reiner Saft aus der ersten Pressung der Früchte. Er enthält noch sogenannte Trübstoffe, das sind kleinste Partikel aus dem Fruchtfleisch oder der Schale, die viele gesundheitsfördernde Pflanzenstoffe enthalten.

Direktsaft

Besteht zu 100% aus Obst ohne jegliche Zusatzstoffe, auch Zucker ist nicht erlaubt. Nach dem Pressen wird der Saft gefiltert und sofort abgefüllt.

Fruchtsaft

Der Fruchtsaft besteht zu 100 % aus Frucht und nichts anderem. In Ausnahmefällen, wenn das Obst wenig eigene Fruchtsüße enthält, darf bis zu 15 Gramm Zucker pro Liter zugesetzt werden.

Fruchtsaftschorle

Fruchtsaftschorle besteht aus reinem Fruchtsaft und Mineralwasser. Der Fruchtsaft besteht dabei zu 100% aus Früchten.

Fruchtnektar

Es gibt Obstsorten, die für reinen Fruchtsaft nicht geeignet sind – sie sind beispielsweise zu sauer oder zu breiig, deshalb werden die Fruchtgehalte mit Wasser gestreckt. Der Anteil der Fruchtgehalte kann unterschiedlich sein – Beispiele: Multivitamin- oder Apfelnektar 50%; Kirschnektar 35%; Johannisbeernektar 25%. Außerdem sind neben dem Auffüllen mit Wasser bis zu 20% Zuckerzusatz erlaubt. Farb- und Konservierungsstoffe sind hier allerdings nicht erlaubt.

Fruchtsaftgetränk

Der Fruchtgehalt bei diesen Getränken ist in der Regel sehr niedrig (bei Zitrusfrüchten z.B. nur 6%). Aromen, Kohlensäure und große Mengen an Zucker dürfen zugesetzt werden – denn diese Getränke gelten nicht als Frucht-, sondern als Erfrischungsgetränke.*

Für den Orangensaft aus brasilianischem Orangekonzentrat hat Auricher Süssmost 2013 das Fair-Trade-Siegel bekommen

AURICHER EIER UND BÄCKER LORENZ

Zwei die sich mögen...

Aurich

Es war einmal ein Bäcker in Ostfriesland, der mochte nur gute frische Eier für seine Backwaren verwenden und zwar solche von Hühnern, die ihr Hühnerleben gut gefüttert, mit viel Platz und viel frischer Luft verbringen. Aber er brauchte täglich solche Mengen an Eiern für seine Backwaren, dass es dafür nicht genug glückliche Hühner gab. Was tun? Wenn es nicht genug Hühner gibt, die frei leben und unbeschwert ihre Eier legen können, müssen wir eben solche Möglichkeiten schaffen, dachte sich der Bäcker, der übrigens Ubbo Lorenz hieß und aus Victorbur kam.

Das war die Geburtsstunde der Auricher Eier!
Die ersten Höfe in Ostfriesland, die neben ihrer angestammten Landwirtschaft im Nebenerwerb noch einen Hühnerhof nach den besonderen Tierschutzkriterien von Ubbo Lorenz halten wollten, waren bald gefunden - 10 qm Platz pro Henne, ein Freigelände, ein Wintergarten, ein Stall mit Tageslicht, Futter aus überwiegend eigenem Anbau, beim Zukauf Futter ohne Soja, keine Antibiotika, keine Dotterfarbstoffe oder Leistungsförderer und nie mehr als 1 000 Legehennen pro Stall, ja, da lachen ja die Hühner. Sie danken es mit guter Gesundheit und leckeren Eiern.

Inzwischen gehören 25 bäuerliche Familienbetriebe zur Erzeugergemeinschaft Auricher Eier. Jährlich werden an die zehn Millionen Eier produziert. Georg Posselt, Geschäftsführer der Erzeugergemeinschaft, kauft die Junghennen für alle Erzeuger bei einem kleinen Zuchtbetrieb. Die sind etwas teurer, aber die Tiere sind gut aufgezogen und hatten viel Platz. Herden mit gestörten Tieren kommen so gar nicht vor. Eine Besichtigung der Packstation in Aurich überzeugt die Besucher von dem guten Aussehen der Hennen und ihrer Zutraulichkeit.

Nun gibt es ja Pioniere, die es mit dem Tierschutz und der Ökologie sehr ernst nehmen, und wenn die nächste Generation heranwächst, geraten die Ideen oft in Vergessenheit und die reine Nutzenmaximierung hält Einzug. Hier weit gefehlt – Martin Lorenz, der die Bäckerei von seinem Vater Ubbo übernommen hat, ist vermutlich der einzige im konventionellen Bereich arbeitende Bäcker in Deutschland, der nicht nur frische Eier, sondern auch noch solche von freilaufenden Hühnern in seinen Backwaren verwendet. Bei mehr als 40 Filialen kommt da schon eine Menge zusammen, nämlich an die eine Million im Jahr. Alle einzeln aufgeschlagen, das bringt eine Menge an Arbeit mit sich. Und weil Martin Lorenz der Meinung ist, Brot sollte nicht nur gut schmecken und gesund sein, sondern auch möglichst aus regionalen Zutaten erstellt werden, ist er immer auf der Suche nach ostfriesischen Lieferanten.

Jetzt gibt es ein „Auricher Schwarzbrot“ nach ostfriesischer Tradition. Dafür haben die Landwirte der Erzeugergemeinschaft Auricher Eier Verträge mit dem rührigen Bäcker abgeschlossen und bauen nun wieder Brot-Roggen an, eine früher in Ostfriesland ganz häufig angebaute Getreidesorte, die aber fast schon in Vergessenheit geraten ist, zumindest für die Brotverarbeitung. Als Schweinefutter lief das immer so mit, für die Brotverarbeitung muss das Korn aber zu einem ganz bestimmten Zeitpunkt geerntet werden, dann nämlich, wenn die Klebeeigenschaft für den Teig optimal ist. Das wissen handwerklich arbeitende Bäcker sehr genau, bei einigen Landwirten ist dieses meist überlieferte Wissen nicht mehr ganz so

Georg Posselt

Wir sollten uns wieder auf unser Erfahrungswissen besinnen

Eierpfannkuchen mit Spinat

Für 2 Personen (Aufwand etwa 20 Minuten)

2 EL	Butter
250 g	Blattspinat (tiefgekühlt 150g)
1	Knoblauchzehe
4	Eier
	Salz, Pfeffer
	evtl. geriebener Parmesankäse oder kräftiger anderer Käse

1 EL Butter in einer Pfanne zerlassen, Spinat mit dem Knoblauch hinzugeben und so dünsten, dass alle Flüssigkeit verdampft ist. Den Spinat abkühlen lassen. Die Eier in einer Schüssel verquirlen, salzen, pfeffern und den Spinat hinzugeben. Den zweiten EL Butter in der Pfanne zerlassen, die Ei-Spinat-Knoblauch-Masse hineingießen, stocken lassen. Die gestockte Masse vorsichtig vom Pfannenboden lösen, schütteln, und wenn sie fest genug scheint, auf einen Teller stürzen und umgedreht wieder in die Pfanne gleiten lassen. Man kann auch ein wenig geriebenen Käse in die Eier geben oder eine Zwiebel mit dem Spinat dünsten, dann wird es etwas deftiger. Sofort servieren. Rezept: Veronika Nölle

präsent. Für den richtigen Erntezeitpunkt müssen sich Martin Lorenz oder die Mühle deshalb immer direkt mit den Landwirten kurzschließen. „Wenn der Reifeprozess beim Roggen für die Schwarzbrotverarbeitung abgeschlossen ist, muss geerntet werden, komme was da wolle. Sonst kann ich das Korn nicht mehr verwenden. Wir müssen wieder miteinander reden und voneinander lernen. Die Schwarzbrotherstellung ist doch in Ostfriesland ein altes, traditionelles Verfahren. Wir müssen uns neben dem neueren Wissen über die natürlichen Abläufe auch wieder auf unsere Traditionen und Erfahrungen besinnen. Beides gemeinsam wird uns voranbringen und nicht nur das Starren auf kurzfristige Inputs zur Schaffung von Masse, das bringt uns letztendlich nicht weiter. Ich bin der Meinung, dass das regionale Handwerk und die regionale Landwirtschaft zusammenarbeiten und gute Produkte gegen den Mainstream produzieren sollten. Was wir selber hier anbauen können, müssen wir doch nicht importieren. Davon profitieren wir alle: die Verbraucher haben ein gutes Produkt und tragen durch ihre Kaufentscheidung zum Erhalt unserer Kulturlandschaft bei und die bäuerlichen Familienbetriebe haben eine Absatzgarantie“, so Martin Lorenz.

Für das „Auricher Schwarzbrot“ sind zum Beispiel kurze Wege und absolute Transparenz für ihn ein Novum. Es besteht nur aus Roggen, Wasser, Sauerteig und Salz, mehr braucht es auch nicht für ein schmackhaftes Brot. Und den Bauern werden Abnahmepreise garantiert, bei denen sie keine Verluste gegenüber dem Maisanbau haben. Das schont die Umwelt und das Landschaftsbild.

Die Erzeugergemeinschaft „Auricher Eier“ ist inzwischen so erfolgreich, dass sie zusätzlich auch im Einzelhandel vermarktet. Mit der Lorenz Bäckerei Victorbur verbindet beide jedoch weiterhin die Idee, dass sich Qualität „in der Region und für die Region“ durchsetzt.

Und von dem rührigen Bäcker können wir noch einiges erwarten. Er ist nicht nur überzeugter Ostfriese, sondern auch in der Welt herumgekommen. Er hat an einigen Orten dieser Welt Erfahrungen gesammelt und gleichzeitig seine Tradition bewahrt – hier verbindet sich Neues mit Erfahrungswissen. So denn weiter so, Lorenz Bäcker Victorbur!

Martin Lorenz

MARSCH UND POLDER

Es war, als hätt' der Himmel die Erde still geküsst...

Gut, dieser Passus von Eichendorffs Gedicht „Mondnacht“ ist dort anders gemeint, und abgegriffen ist es vielleicht auch, aber er hätte sich diese Zeile auch für die weite, unendliche Landschaft und die weiten Himmel der Marsch und des Polders einfallen lassen können – grün trifft blau, vielleicht mit ein paar weißen Wölkchen darin. Fragt man Touristen, wie sie Ostfriesland sehen, dann kommt unweigerlich eine solche Beschreibung dieser Gegend, ergänzt durch die Flecken der „Schwarzbunten“. Natürlich ist Ostfriesland auch ganz anders, aber diese schier nicht enden wollende Landschaft ist tatsächlich ganz typisch für das Marsch- und Poldergebiet, das den nördlichen Küstenstreifen, die Gebiete der Krummhörn und das davon südlicher gelegene Rheiderland, getrennt durch Ems und Dollart, charakterisiert. Für die Bewohner dieser Landschaft sind natürlich auch die tief hängenden Nebel, das nasse, feucht kalte Wetter präsent, was schon auch aufs Gemüt gehen kann. Das bedeutet außerhalb der Touristensaison Ruhe, aber vielleicht auch Einsamkeit.

Für die Ernährungsversorgung Ostfrieslands waren Marsch und Polder enorm wichtig. Liegen die Fruchtbarkeitsstufen auf der Geest bei etwa 20 – 25 Punkten, so sind es im Marschgebiet zwischen 60 und 90 Punkte, also eine Fruchtbarkeit, die durch Sedimentablagerungen und Verlandung der Salzwiesen entstanden ist und dem Meer mühsam durch Trockenlegung und ständige Entwässerungsbemühungen abgetrotzt wurde. Der so gewonnene Klei-Boden ist schwer, feinkörnig und nährstoffreich und eignet sich für Ackerbau ebenso wie für die Viehhaltung. Hier gedieh und gedeiht, abhängig natürlich auch von klimatischen Gegebenheiten, so ziemlich alles. Gleichzeitig waren und sind diese Landstriche vor der rauen Nordsee dünn besiedelt.

Vor der Industrialisierung der Landwirtschaft war die Bodenbearbeitung eine wirkliche Knechtschaft. Die friesischen Großbauern, im Volksmund auch „Polderfürsten“ genannt, sind die besitzenden Bauern, die Landarbeiter weitgehend rechtlos diesen ausgeliefert. Nicht wenige sind ins verheißungsvolle Amerika ausgewandert. Eine Mittelschicht war

nur in den kleinen Orten zahlenmäßig gering vorhanden, sodass die soziale Schere zwischen arm und reich extrem spürbar war. Nicht nur die angestammten Landarbeiter hatten unter den sozialen Unterschieden zu leiden. Selbst Geestbauern im Hinterland als „Besitzende" galten als arme „Habenichtse" und eine Heirat zwischen Geest- und Marschkindern war nicht gern gesehen. Die Flüchtlingswelle nach dem Zweiten Weltkrieg verschärfte die damalige soziale Lage weiter, die Konkurrenz um Arbeit auf den Höfen, Wohnraum und Siedlerstellen wurde bitter ausgetragen. Erst mit der Industrialisierung der Landwirtschaft, dem neu errichteten VW-Werk 1964 in Emden und den sich darum entwickelnden Zulieferbetrieben entspannten sich die gesellschaftlichen Widersprüche. Die kleinen, aber feinen Unterschiede sind heute nur noch für Alteingesessene von Bedeutung.

Heute macht den Marsch- und Polderbauern die Globalisierung mit den Folgen des Preisdiktats für Lebensmittel zu schaffen, und nicht wenige geben auf. Einige sind zum Biolandbau übergegangen, um Premiumqualitäten aufzubauen. Erschwerend kommt hinzu, dass es im letzten Jahrzehnt durch klimatische Veränderungen Anpassungszwänge in der Fruchtfolge gegeben hat. Das Frühjahr ist zu trocken geworden, dafür ist der Herbst oft so nass, dass mit den Maschinen die Ernte auf dem schweren Boden nur mühsam eingeholt werden kann. Ackerbau und Viehhaltung sind aber heute immer noch wichtige Erwerbsquellen. Unter den Nutzpflanzen sind vor allem Getreide und Raps, in geringerem Maße Kartoffeln, Zuckerrüben und Sonderkulturen bedeutsam.

Die politischen Entscheider dieser Gegend schwanken zwischen Bewahrung und Modernisierung. Bei diesen großen Flächen ist die Versuchung stark, Begehrlichkeiten für Mastställe oder touristische Großprojekte nachzugeben. Bisher hat die Krummhörner und die Küstenbevölkerung der Zerstörung der gewachsenen Kulturlandschaft standgehalten und ihre Einnahmequellen zugunsten des sanften Tourismus ausgebaut.

DER ADRIANENHOF

Salzwiesenkalb vom Feinsten

Neßmergrode

Von Mai bis Oktober stehen die prächtigen Blonde d`Aquitaine-Rinder vom Adrianenhof auf dem Sommerdeich und den Hellerweiden und genießen die frische Seeluft und das würzige Kräutergras im Nationalpark Niedersächsisches Wattenmeer. Ab November kommen sie in den geräumigen Tretmiststall mit Stroheinstreu, um sie vor den einsetzenden Sturmfluten zu schützen. Die Kälber werden ausschließlich von ihrer eigenen Mutter und deren Milch großgezogen. Zusätzlich ernähren sich die Kälber von den Gräsern und Kräutern der Salzwiesen. Diese artgerechte Haltung lässt in etwa acht Monaten ein zart rosa, mild aromatisches Fleisch heranreifen, das seinesgleichen sucht. Zugefüttert wird im Winter Grassilage und Heu aus dem eigenen Anbau.

Das Nutzungsrecht für die Hellerweiden hat die Familie Behrends seit Generationen inne. Der Adrianenhof gehört zu den ältesten Höfen an der Küste und liegt noch auf einer Warf, muss also schon vor den letzten Eindeichungen bestanden haben. Die Landwirte mussten vor dem Übergang der Verantwortung für die Deiche an die Deichacht noch beim Deichbau und der Deichpflege mithelfen, dafür bekamen sie vom Land die Nutzung des Vorlandes zugesprochen. Die Behrends' haben dieses Nutzungsrecht nie abgegeben, was heute für die Vermarktung der Salzwiesenkälber ein Glück ist. Der Vater nutzte diese Weiden noch traditionell zur Jungviehaufzucht.

1990 übernahm der junge Jens Behrends den Hof und beschloss, die Hellerweiden mit einer Mutterkuhhaltung aus der französischen Fleischrasse Blonde d`Aquitaine zu nutzen. Die Salzwiesenkalbvermarktung schloss sich dann später an. „Ich habe mich damals für diese Rasse entschieden, weil sie bekannt ist für sehr fein faseriges Fleisch mit einem geringen Anteil an Oberflächenfett, dafür aber mit einem hohen intramuskulärem Anteil, was ja als Geschmacksträger von Bedeutung ist. Außerdem sind die Tiere dieser Rasse von Natur aus ruhiger und umgänglicher als Tiere vergleichbarer Fleischrassen", so der Fachmann.

„Als die BSE-Krise erstmals in Großbritannien auftrat, war das der Auslöser, mich mit meinen Tieren von der Masse abzugrenzen und ihre besonderen

Familie Behrends

qualitativen Vorzüge auch herauszustellen. Mit viel Engagement habe ich damals mit Gastronomen und Fleischereien geredet, und wir haben bald eine Vermarktungsinitiative für das Salzwiesenkalb gegründet. Die Begeisterung war anfangs groß, aber so richtig gewachsen ist die Initiative eigentlich erst, seitdem wir unser Salzwiesenkalb über die Grenzen Ostfrieslands hinaus anbieten. Heute beliefere ich Fleischereien in Bremen, Hannover, Braunschweig und Mönchengladbach. Diese Betriebe suchen Produkte mit Alleinstellungsmerkmalen von hoher Qualität, um sich von der Massenware der Supermärkte abzuheben", erklärt Jens Behrends.

Für das verhaltene Interesse der Ostfriesen an diesem besonderen Fleisch gibt es sicher viele Gründe. Einmal mag der Preis eine Rolle spielen, zum anderen weisen die Küchen kleinteiliger Beweidungsgebiete, vor allem in bergigeren Gefilden Deutschlands, eine Vielzahl von Kalbfleischrezepten auf, weil ein Großteil des Viehs wegen der teuren Zufütterung vor der Winterperiode geschlachtet wurde. In Ostfriesland war immer Platz genug, die Tiere vollständig ausreifen zu lassen und damit höhere Erträge zu erwirtschaften. So hat Kalbfleisch keinen nennenswerten Einzug in die ostfriesische Küche gehalten. Und nicht unerheblich für die Vermarktung in der Gastronomie ist die inzwischen oft mangelnde Fähigkeit vieler Köche, ganze Tiere zu verarbeiten oder auch zu lagern. Die meisten Gastronomen verarbeiten nur die Edelteile, das restliche Tier wird unter Wert vermarktet.

„Um das Salzwiesenkalb auch unter Touristen bekannt zu machen, hat mich die Marketinggesellschaft für Agrarprodukte ideell unterstützt. Wir haben zusammen mit der Nationalparkverwaltung im April 2006 einen 5 Kilometer langen „Hellerpad" in der Schutzzone II auf dem Sommerdeich ins Leben gerufen. Auf Tafeln werden Fauna, Flora und die Rolle der Salzwiesenrinder für den Erhalt der Salzwiesen erläutert. Sicher sind dadurch auch Touristen neugierig auf das besondere Fleisch geworden, das einige Gastronomen hier an der Küste und auf den Inseln anbieten", erläutert der Landwirt.

Neben den reinrassigen Bullen hat der Adrianenhof an die 80-90 Mutterkühe und erreicht mit der Nachzucht an die 200 Tiere. Und die sind mächtig anzusehen, von hell bis dunkelbraun, mit einer lockigen Stirn und beachtlicher Größe. Schön eben!

Salzwiesen werden regional auch als Heller oder Groden bezeichnet, daher auch der Ortsname Neßmergrode

FÄHRHAUS NESSMERSIEL

Denn das Gute liegt so nah

Nessmersiel

„Über den Großhandel erhalten wir alle Produkte jederzeit aus aller Welt, wir wollen aber das Besondere, was das „Einfache“ sein kann, und das bekommen wir hier vor Ort in bester Qualität aus Ostfriesland.

Mit frischen und geschmacklich guten Produkten aus der Region lässt es sich auch vom Kopf, mit gutem Bauchgefühl, kochen,“ so Maximilian Eberleh, der mit seiner Frau Anja das mehrfach ausgezeichnete Restaurant Fährhaus mit angeschlossenem Hotel in Nessmersiel führt. Neben der traditionellen Küche auch mal als Vorreiter fungieren, lautet ihr Motto.

Der Salat, das Gemüse und die Wildkräuter kommen vom Bio-Hof Wessels in Gründeich, ganz aus der Nähe. Das Deichlamm von Schäfer Bruno Koch steht praktisch vor der Haustür und das Salzwiesenkalb vom Adrianenhof grast auf dem Sommerdeich in Neßmergrode gleich nebenan. Die traditionellen updröögt Bohnen werden von fleißigen Nachbarinnen aus dem Dorf vorbereitet. Der Ziegenfrischkäse kommt aus Pilsum, die noch handgepulten Krabben direkt aus Dorum. Und manchmal auch selbstgesammelte Austern und Queller aus dem Watt vor Hilgenriedersiel.

Dabei ist die Verwendung regionaler Produkte in der Gastronomie wirklich nicht immer einfach. Häufig werden größere Mengen eines Produktes benötigt, das aber von den eher kleinen Produzenten kaum in ausreichender Menge geliefert werden kann. „Ich löse das Problem ganz pragmatisch. Meine regionalen Lieferanten für Gemüse, Kartoffeln, aber auch andere Zutaten, liefern uns einfach das, was gerade reif und in bester Qualität vorrätig ist, und daraus kochen wir jeden Tag etwas Besonderes für unsere Gäste“, erklärt Eberleh.

Auf einer täglich neu, vom Chef selber handgeschriebenen Tagestafel bietet das Fährhaus neben den Klassikern eine kreative Auswahl an Vorspeisen, feinen Hauptgerichten und modernen Desserts an. Das Konzept kommt bei den Gästen gut an, die sich morgens schon auf die kreativen Überraschungen der Küche freuen.

Im Fährhaus wird alles selbst gemacht: von den klaren Suppen, den reduzierten Saucen, über Ravioli, bodenständige Rouladen bis hin zum täglich selbstgebackenen Brot zum Essen.

v.l. Gerold Janssen, Maximilian Eberleh, Ramon Schmidt, Simon Schropp

Auch die Zutaten für das Schlemmer-Frühstücksbüffet, erweitert durch ebenfalls wechselnde handwerkliche Köstlichkeiten aus der Region sowie hausgemachte Marmeladen, sind Konzept im Haus.

Immer mehr Gäste goutieren den Einsatz von regionalen Produkten und schätzen die Qualität und die Nachvollziehbarkeit der Bezugsquellen, ja teilweise sogar den unmittelbaren Kontakt zu den landwirtschaftlichen Produzenten im Fährhaus Nessmersiel.

Die Kompromisslosigkeit, mit der Anja und Maximilian Eberleh diese Linie verfolgen, hat ihnen weit über Ostfriesland hinaus großes Lob eingebracht. Zweifelsohne gilt das Fährhaus Nessmersiel als eines der besten Restaurants in der Region. Aus einem großen Umkreis kommen Einheimische sowie Feriengäste, auch um nachmittags die selbstgemachten Kuchen und Torten der Chefin auf der Terrasse zu genießen. Wer nun aber eine hochpreisige Gourmetküche erwartet, wird positiv überrascht. Seit Jahren gibt es vom bekannten Michelin-Führer den Bib Gourmand für ein sehr gutes Preis-Leistungs-Verhältnis. Natürlich gilt das genauso für die fangfrischen Schollen, feinsten Matjes, aber auch beste gereifte Steaks und zarte Schnitzel vom Salzwiesenkalb. Während der Küchenmeister mit seinen fünf ausgebildeten Köchen und auch Auszubildenden die Speisen zubereitet, kümmert sich seine Frau Anja, als Hotelfachfrau, mit ihren Mitarbeiterinnen (übrigens alles waschechte Ostfriesinnen – also sehr regional) um die Gäste in Hotel und Restaurant.

Seit 1996 führen Anja und Maximilian Eberleh nun in zweiter Generation das Fährhaus Nessmersiel, das seine Eltern bereits 1977 erworben haben.

Maximilian Eberleh hat nach seiner Ausbildung in verschiedenen Sternerestaurants gearbeitet, unter anderem bei Starkoch Harald Wohlfahrt in Baiersbronn und Fernsehkoch Brian Turner in London. Nach der Meisterschule zog es ihn und seine Frau dann aber doch nach Ostfriesland. Und der Entschluss war richtig. Der Erfolg gibt ihnen Recht.

Ausgezeichnet wird das Haus seit Jahren, nicht nur von Michelin, auch von dem Vartaführer, dem Feinschmecker-Magazin, essen & trinken, Bertelsmann, dem kritischen Gault Millau, Marcellinos, dem Aral Schlemmer- und Schlummer-Atlas, und dabei wird es sicher nicht bleiben.

Und was kocht der Inhaber am liebsten? „Schmorgerichte und Nordsee-Edelfische sind meine Leidenschaft, da kann ich ständig etwas ausprobieren und dem Gericht meinen Stempel aufdrücken", lautet die Antwort des Chefs.

Interessante Fischkunst an den Wänden des Restaurants bringt die Nordsee ins Haus, und das, ohne zu viel maritimes oder gar konservatives Flair zu verbreiten.

Also reinkommen und jedes Mal neu entdecken.

Spargelmousse

Bouillabaisse

Tafelspitz vom Neßmergroder Salzwiesenkalb

Armer Ritter vom ostfriesischen Rosinenstuten

Spargelmousse

1 kg	weißer Spargel
500 ml	flüssige Sahne
5 Blatt	Gelatine
150 g	geschlagene Sahne
	Zitrone, Salz, Zucker, Tabasco
3 Scheiben	Schwarzbrot
300 ml	halbtrockener Riesling
4 Blatt	Gelatine oder Agar Agar

Marktfrischen, deutschen Spargel schälen und die Enden jeweils ca. 4 cm abschneiden. Der restliche Spargel kann dann separat verzehrt werden. Spargelschalen und die Enden in einen Topf geben, mit etwas Salz, Zucker, Saft einer ¼ Zitrone und der flüssigen Sahne langsam bei kleiner Hitze ca. 10 Minuten köcheln lassen. 5 Blatt Gelatine in kaltem Wasser etwa 5 Minuten einweichen. Gelatine ausdrücken, zur Spargelsahne geben und auflösen. Alles zusammen durch ein feines Sieb in eine Schüssel geben. Kalt rühren. Schwarzbrotscheiben in der Moulinette fein mixen. Schwarzbrotbrösel in einer 20 cm-Springform gleichmäßig verteilen. Vorsichtig die geschlagene Sahne unter die Spargelsahne heben und nochmals mit Salz, Zucker, einem Spritzer Zitrone und etwas Tabasco abschmecken. Spargelmousse gleichmäßig auf die Schwarzbrotbrösel geben (Brösel dienen einerseits dem Geschmack und der Optik, andererseits „klebt" so das Mousse nicht am Boden).

4 Blatt Gelatine einweichen und ausdrücken. 0,1 L vom halbtrockenen Riesling erwärmen, die Gelatine darin auflösen. Mit dem restlichen kalten Riesling vermischen und vorsichtig das Spargelmousse damit nach oben abschließen. Wer mag, legt sternförmig gegarte Spargelspitzen auf das Mousse, bevor das Riesling-Gelee darauf kommt. Über Nacht kalt stellen.

Fährhaus Bouillabaisse

Suppe

1 L	Fischbrühe bzw. Gemüsebrühe herstellen, mit zusätzlichen Pfefferkörnern, einem Lorbeerblatt, einigen Senfkörnern, 2 Nelken
200 ml	trockener Weißwein
3	festkochende Kartoffeln
3	Karotten
1 Stange	Porree
¼	Knollensellerie
4	Tomaten
1	Fenchelknolle
1	Zwiebel (oder auch 4 Schalotten)
3	Knoblauchzehen
1 Bund	Petersilie
1 Bund	Basilikum
	etwas Tabasco, Oliven- und Knoblauchöl, Zitronensaft, Pernod, Safran, Salz, Pfeffer
1 Stange	Baguette

Einlage

400 g	verschiedene Fischfilets (kräftige Sorten wie Seeteufel, Goldbarsch, Steinbeißer oder Knurrhahn)
8	Riesengarnelen
100 g	frische Miesmuscheln (Saison beachten)

Die Brühe kann von den gewaschenen Abschnitten der Gemüse, den Tomaten, den Abgängen der Fischfilets und den Schalen der Garnelen vorbereitet werden. Alles zusammen mit Pfefferkörnern, Lorbeerblatt, Senfkörnern und Nelken aufkochen und durch ein Sieb geben. Fertig ist die Brühe. Das Gemüse in gleichmäßige Würfel schneiden und in einem großen heißen Topf mit Olivenöl und Knoblauch anrösten – nicht zu heiß. Mit dem Weißwein ablöschen und mit der Brühe auffüllen, ca. 15 Minuten ziehen lassen. Dann die vorbereiteten Fischstücke und Muscheln hinzugeben. Ebenfalls ca. 10 Minuten ziehen lassen. Die Riesengarnelen in etwas Knoblauchöl scharf anbraten und zur Brühe geben. Mit dem Pernod, etwas Safran, wenig Zitronensaft, Salz und Pfeffer abschmecken.

Knusprig gebratener Tafelspitz vom Salzwiesenkalb mit Mangold

1 kg	Tafelspitz
1 Bund	Suppengemüse
¼	Zwiebel
4	Wacholderbeeren
2	Lorbeerblätter
2	Nelken
10	Pfefferkörner
1 Zweig	Rosmarin
1 Bund	Basilikum
25 ml	Olivenöl
	Salz
3	Eier
80 g	Mehl
200 g	Panko Paniermehl (Asiashop)
	Butterschmalz

Gemüse

2 Bund	Mangold
4	kleine Rote Bete
80 g	Creme fraiche
1 TL	Meerrettich
50 g	Butter
	Salz, Pfeffer, Zucker, Muskat, etwas Kümmelsamen
50 g	Cashewkerne

Am Vortag den Kalbstafelspitz in heißes Wasser geben, mit Salz, dem Suppengemüse und allen anderen Zutaten leicht köcheln lassen. Nach ca. 90 Minuten den Herd ausstellen und das Fleisch in der Brühe auskühlen lassen. Am nächsten Tag den Tafelspitz vom Fett befreien und in gleichmäßige Stücke von ca. 10 cm Länge und 4x4 cm Stärke schneiden. Basilikum fein schneiden und zusammen mit dem Olivenöl zum Tafelspitz geben. Kurz einwirken lassen.

Von der Rote Bete jeweils den Stiel und den Strunk knapp abschneiden und in reichlich Salzwasser mit etwas Kümmel halb garkochen. Topf im Anschluss direkt unter kaltes Wasser geben, kurz abkühlen lassen. Mit den Händen die Schale der Rote Bete (ganz leicht) abziehen. Rote Bete in kleine Brunoise (Würfel) schneiden. Würfel in einer Teflonpfanne mit etwas Olivenöl anbraten. Mit 0,3 l Tafelspitzbrühe ablöschen und einkochen lassen. Kurz bevor fast keine Flüssigkeit mehr da ist, die Butter und Creme fraiche unterrühren, mit Salz, Pfeffer, Prise Zucker und etwas Meerrettich abschmecken und beiseite stellen.

Tafelspitz in folgender Reihe panieren: Mehl - Ei - Panko Paniermehl. Panierung (und nicht Panade – was eine Brotfüllung ist!) gut andrücken. Tafelspitz in reichlich Butterschmalz in einer höheren Pfanne knusprig ausbacken.

Mangold waschen und trocken schleudern. Blätter von den Stielen trennen. Blätter in grobe Streifen, Stiele in feine Stücke schneiden. Zuerst die Stiele scharf anbraten, dann die Blätter zugeben, mit 0,1 L Brühe ablöschen und mit Deckel ca. 2 Minuten bei reduzierter Hitze köcheln lassen. Mit Salz, Pfeffer und einer Prise Muskat würzen. Einige zerstoßene Cashewkerne dazugeben und mittig auf dem Teller anrichten.

Rote Bete um den Mangold herum anrichten. Tafelspitz auf dem Mangold anrichten und, wenn Sie es mögen, mit frisch geriebenem Meerrettich bestreuen. Dazu passen am besten kleine ostfriesische Kleikartoffeln (Drillinge).

Armer Ritter vom ostfriesischen Rosinenstuten

8	halbe Scheiben Rosinenstuten
2	Eier
500 ml	frische Vollmilch
50 g	Butterschmalz
	Zimt , Zucker, Vanillezucker nach Geschmack

Den Rosinenstuten nicht zu dünn in 4 Scheiben schneiden und halbieren. Die Eier mit der Milch und etwas Vanillezucker verquirlen. Die Stutenstücke darin kurz einweichen. Butterschmalz in eine große Pfanne geben und heiß werden lassen. Die eingeweichten Stücke vorsichtig in die Pfanne geben und von beiden Seiten goldgelb braten. Auf einem Küchentuch abtropfen lassen und noch heiß servieren. Mit Zimt und Zucker bestreuen.

Reichen Sie ein leckeres Vanilleeis dazu, oder eine selbstgemachte

Vanillesauce

2	Eigelb
40 g	Zucker
1	Vanilleschote
250 ml	flüssige Sahne

Die Vanilleschote der Länge nach aufschneiden und mit einem Messerrücken auskratzen. In die Sahne geben und eine halbe Stunde stehen lassen. Dann die Sahne aufkochen. Die Eigelbe und den Zucker im Wasserbad (nicht zu heiß) schaumig schlagen. Die heiße Sahne dazu geben und weiter im Wasserbad aufschlagen, bis die Vanillesauce leicht dicklich wird. Dauert ca. 5 – 10 Minuten. Vanilleschote herausnehmen und die Masse kalt stellen.

Rote Bete – Quittenrahmsüppchen

ca. 400 g	frische Rote Bete - unbedingt frisch
4	Schalotten
1	Quitte
1 L	Gemüsebrühe
100 ml	flüssige Sahne
50 g	Butter
	Salz, Pfeffer, Zucker
60 g	Creme fraiche
	Schnittlauch

Rote Bete-Knollen waschen und jeweils den oberen und unteren Strunk flach abschneiden. Knollen in genügend Salzwasser ca. 15 min kochen. Topf mit der heißen Flüssigkeit und den Knollen unter den Wasserhahn stellen und langsam kaltes Wasser einlaufen lassen, bis Sie mit den Händen eintauchen können. Die noch heiße Rote Bete aus der Schale drücken (geht ganz leicht). Rohe Quitte waschen und (ebenso die vorgegarte Rote Bete) in kleine Würfel schneiden. Zwiebel klein schneiden und in wenig Olivenöl mild anbraten. Rote Bete und Quitte zugeben, mit der Brühe und der Sahne auffüllen und richtig weich kochen. Wenn nötig nochmals mit ca. 200 ml Wasser auffüllen. Zusammen mit der frischen Butter sehr fein pürieren. Mit Salz, Pfeffer und einen guten Prise Zucker abschmecken, heiß servieren. Mit einem Kaffeelöffel jeweils eine Nocke Creme fraiche in die Suppe geben und mit feinem Schnittlauch bestreuen. Rezept: Fährhaus Nessmersiel

LÜTETSBURG

Die zu Inn- und Knyphausen!

Lütetsburg

Theodor Fontane war im August 1882 Gast auf der Lütetsburg bei den Grafen und Gräfinnen zu Innhausen und Knyphausen, dem alten ostfriesischen Häuptlingsgeschlecht an der Nordseeküste, nahe der Stadt Norden. Dieser Besuch hat ihn angeregt, folgende Verse zu schmieden:

„Ein uraltes Schloss am Meeresstrand;
ein herrlicher Park im baumlosen Land;
durch Dämme geschützt vor der stürmenden Flut,
manch geräumiger Hof, manch reiches Gut,
Viel wogendes Korn und Vieh auf der Weide
und mahlende Mühlen und schweigende Heide.
Viel Gottessegen! Wie seltenste Arten
der Bäume gedeihn trotz des Nordwinds im
Garten..............*

Gut gespeist wird er dort auch haben, der Fontane. Wie die gräfliche Familie heute speist, wissen wir nicht, aber dass sie immer noch eine ernährungskulturelle Bedeutung für die Region hat, davon zeugen ihre ausgedehnten Ländereien von gut 3 000 ha, die unter anderem Wild für die umliegenden Restaurants liefern. Das sind aber nicht die einzigen Gaumenfreuden, die das gräfliche Unternehmen für uns bereithält. Der Lütetsburger Herbst, jeweils im September, präsentiert neben vielen Ausstellern rund um das Garten- und Landleben regionale Anbieter mit besonderen kulinarischen und regionalen Besonderheiten. Tja, und wie es sich so für die „bessere“ Gesellschaft gehört, lässt es sich auf dem Nebengelände des Schlosses auch noch wunderbar auf 56 ha golfen – man kann sich also heute beim Adel einiges erlauben, was früher für „untere Schichten“ absolut tabu war, nämlich Körper und Seele in Einklang bringen und genießen.

Dazu trägt auch in besonderer Weise der Schlosspark bei, der auf 30 ha mit unterschiedlichen Wanderwegen als einer der schönsten und größten frühromantischen Gärten in Norddeutschland gilt. Lange Spazierwege führen an exotischen und heimischen Gehölzen entlang. Im Anschluss ruht man sich im Schloss-Cafe aus, wo neben Kuchen und Torten Imbisse der besonderen Art angeboten werden – klein, aber fein – regional und besonders vom Reichshof in Norden.

Einiges an Ideen hat sich die gräfliche Familie zur Vermarktung und damit letztendlich auch zum Erhalt ihres schönen Anwesens einfallen lassen. Erstmals seit 2012 gibt es in der Vorburg einen Adventsbasar, der sich wohltuend vom Einerlei vieler Weihnachtsmärkte abhebt, und auch Hochzeiten auf dem Schlossgelände zu feiern ist angedacht.

Tradition und historische Vormachtstellung des Adels – die Jagd

„Unser Jagdgebiet umfasst etwa 1500 ha Wald, und wir erlegen im Schnitt 210 Stück Wild im Jahr, auch Damwild, was ja in Ostfriesland wegen des geringen Waldbestandes nicht so häufig vorkommt. Das Wild wird hier bei uns zerlegt, in kleinen Portionen vakuumiert und direkt vor Ort aus unseren Kühlräumen heraus vermarktet“, so Graf Tido. Der gräflichen Jagdgemeinschaft ist dabei besonders an hoher Qualität gelegen. Nur gut geschossenes Wild, das heisst, dass der Wildkörper weitgehend intakt geblieben ist, kommt in die Vermarktung. Beim Zerlegen werden die schadhaften Stellen gleich beseitigt und das Fleisch gereinigt. Ein nahe gelegener Fleischereibetrieb fertigt die Spezialitäten, beispielsweise Wild-Paté oder Wildwürste an. „Es gibt eigentlich kein hochwertigeres Fleisch als Wild. Die Tiere ernähren sich ja ausschließlich von den Früchten des Waldes und sind ständig in Bewegung. Offenbar ist das kulinarische Qualitätsbewußtsein doch in den letzten Jahren gestiegen. Während wir vor ein paar Jahren noch Schwierigkeiten mit der Vermarktung hatten, ist unser Angebot jetzt fast zu knapp“, so der Graf weiter.

An dieser Entwicklung hat die Gräfliche Jagdgemeinschaft einen nicht unerheblichen Anteil. Sie sind erfolgreich an Gastronomen herangetreten, haben Kochkurse angeboten und Werbung gemacht. Ganz aktiv sind die Jäger beim Lütetsburger Herbst, um den Besuchern die Besonderheiten – die Hege und Pflege, aber auch die kulinarischen Freuden – näher zu bringen. Sicherlich haben auch, nach den vielen Lebensmittelskandalen, das gestiegene Regionalbewußtsein und der Trend zu Bio-Produkten zum Vermarktungserfolg beigetragen. Die Herkunft des Fleisches zu kennen ist eine wichtige Kaufentscheidung geworden.

Dennoch ist die Verarbeitung von Wild immer auch von Mythen umrangt – es sei zu streng im Geschmack – schwer verdaulich – man müsse es stundenlang in Buttermilch einlegen – es ließe sich nur mit Vorkenntnissen zubereiten – sei nur für bestimmte Anlässe geeignet und außerdem zu teuer.

Mit letzterem Vorurteil räumt die Direktvermarktung in Lütetsburg vor Ort auf. Alle anderen Argumente werden entkräftet durch das anschließende Wildmenü des Reichshofs aus Norden, einem der Hauptabnehmer des Lütetsburger Wildes und durch die Schloss-Gastronomie eng mit Lütetsburg verbunden.

„Wild ist ein reines Naturprodukt. Die Tiere ernähren sich nur von den Früchten des Waldes und sind immer in Bewegung. Natürlicheres Fleisch gibt es fast nicht.“

Wildgewürz

Für den Vorrat

2	Lorbeerblätter
10	schwarze Pfefferkörner
5	Wacholderbeeren
5	Pimentkörner
1 TL	getrockneter Majoran
1 TL	getrockneter Thymian
1 TL	getrockneter Rosmarin
1/2 TL	Muskat
1	Nelke

In einem Zerkleinerer oder im Mörser pulvrig zerkleinern und in einem Glas mit Schraubverschluss fest verschließen. Rezept: Veronika Nölle

Gurken-Zwiebel-Chutney

Rezept für ein großes Marmeladenglas voll

1	große Zwiebel
2	Salatgurken (eher die knackigen kleinen)
½	Chilischote
50 ml	weißer Balsamico-Essig
50 ml	Weißwein
250 g	Gelierzucker 2:1
10 ml	bestes Olivenöl
50 ml	Salz, Pfeffer (evtl. Kräuter und Knoblauch)

Kleine Kaffeeuntertasse in das Tiefkühlfach legen. Zwiebeln schälen und in feine Würfel schneiden. Gurken halbieren, entkernen und in gleichgroße Stücke schneiden. Chilischote entkernen und in feine Würfel schneiden (Vorsicht mit Ihren Händen und auch mit dem Schneidebrett).

Olivenöl in einem Topf erhitzen. Zuerst die Zwiebelwürfel gründlich bei halber Temperatur, später auch die Gurken anschwitzen. Jetzt die Chilischote zugeben. Alles zusammen weitere 4-5 min schmurgeln lassen. Mit dem Balsamicoessig und dem einfachen Weißwein ablöschen. Gelierzucker zugeben. Nochmals 3 Minuten köcheln lassen. Dann mit etwas Salz und frisch gemahlenem Pfeffer würzen, evtl. zusammen mit der Chilischote noch eine zerriebene Knoblauchzehe dazu geben. Topf vom Ofen nehmen und vorsichtig etwas vom fertigen Chutney auf den kalten Teller geben und warten, ob das Chutney genug geliert oder ob man noch etwas mehr Gelierzucker zugeben muss.

Chutney in ein großes oder zwei kleinere Marmeladengläser geben, fest verschließen und für ca. 30 Minuten auf den Kopf stellen. Die Haltbarkeit des gekühlten Chutneys ist wie bei Marmelade. (Rezept von unserem Gardemanger Simon Schropp).

Wir reichen mit großem Erfolg seit geraumer Zeit dieses Chutney zu unserem Black Angus Rumpsteak. Rezept: Fährhaus Nessmersiel

ROMANTIK HOTEL-RESTAURANT REICHSHOF

Internationales Flair und regionale Verbundenheit

Norden

Das Gebäude-Ensemble des Reichshofs geht bis in das 17. Jahrhundert zurück. Eine wechselvolle Geschichte durchzieht die Gebäude und Räume, die teilweise unter Denkmalschutz stehen. Die Nutzung war schon in der Vergangenheit häufig mit der Versorgung der Bevölkerung oder den Norder Gästen verbunden. Mal Brauerei mit Gastwirtschaft, mal Kornkammer der berühmten Brennerei Doornkaat, mal Ausspannwirtschaft, Gasthof und Hotel. Es gab allein in Norden im 17. Jahrhundert noch an die 30 Brauereien. An dieser Stelle muss sicher eine der bedeutendsten gewesen sein, wenn man die Größe und die Zahl der ursprünglichen Funktionsräume berücksichtigt.

Die Eltern von Martina Haver-Franke, die mit ihrem Mann Björn Haver seit Beginn des Jahres 2012 das Hotel-Restaurant führt, haben den Betrieb schon von ihren Eltern übernommen. Der Reichshof ist also ein familiengeführtes Unternehmen in der dritten Generation.

Die Historie und die hohe Qualität des Angebotes haben den Reichshof prädestiniert für den Marketing-Verbund „Romantik Hotels“, dem über 260 historische und familiengeführte Hotels und Restaurants in 11 Ländern Europas angehören, aber auch für die internationale gastronomische Gesellschaft, die 1950 in Paris gegründet wurde – die„Confrèrie de la Chaîne des Rôtisseurs. Hintergrund der Gesellschaft ist die Tradition der „Gilde der Gänseröster“, die sich mit der Zeit auf das Rösten aller Geflügelarten, Wild und Fleisch ausgedehnt hat. Sie fühlt sich nicht nur der hohen Kunst des Kochens verpflichtet, sondern auch der Aufrechterhaltung gastronomischer Werte und Tischsitten, also einer Esskultur par exellence. Sie bringt heute Mitglieder aus aller Welt zusammen, die den gemeinsamen Geist der Gesellschaft teilen, gutes Essen und Trinken schätzen und zu genießen wissen. So wird beispielsweise im Reichshof nicht nur auf Kochkunst und Produktqualität geachtet, sondern ebenso auf alles andere - vom Service bis zu guten Weinen.

Dabei hat jede Generation das Unternehmen beeinflusst. Hatten die Großeltern noch die gutbürgerliche, klassisch deutsche Küche im Sinn,

Martina Haver-Franke und Björn Haver

prägten Dorothea und Hans-Jürgen Franke das Restaurant mit einem Einschlag in die französisch-klassische Küche. Martina Haver-Franke und Björn Haver setzen auf die Klassiker, die der Norder Bürger schätzt und gewohnt ist, und variieren diese mit modernen Komponenten – jung, leicht, mit neuen Geschmackselementen, aber ohne künstlich übertriebene Raffinesse. So ist die Karte zweigeteilt – der langjährige, traditionsbewusste Kunde bekommt nach Wunsch die Klassiker, die er schätzt, andere Gäste finden ebenso interessante neue Variationen – dabei aber immer mit einem saisonalen und regionalen Bezug. Das ist auch der Grund für das häufige Wechseln der Karte unter Berücksichtigung der saisonalen und der jahreszeitlich herausragenden Angebote, wie Spargel, Gartenfrüchte oder Wild. Kartoffeln, Fisch, Wild aus den Wäldern der Lütetsburger Besitzungen, Eier, Gänse, Lamm aus Ostfriesland und vieles mehr – die beiden sind immer auf der Suche nach regionalen Produzenten, die ihnen hohe Qualität liefern können. Dabei sind die Preisunterschiede gegenüber den Großmarktpreisen häufig erheblich, aber die Produktqualität ist den beiden wichtig. Es werden auch ganze Tiere abgenommen, denn der langjährig im Reichshof beschäftigte Küchenchef Andreas Grebing ist mit seiner Crew durchaus in der Lage, diese zu verarbeiten – das ist nicht mehr selbstverständlich in der heutigen Gastronomie, beschert dem Gast aber auch mal außergewöhnlich leckere Terrinen, Pasteten oder Ragouts.

Wie schon die Vorgänger-Generationen sind auch Martina Haver-Franke und Björn Haver vom Fach. Sie hat als Hotelfachfrau im Jagdhaus Eiden in Bad Zwischenahn gelernt und kennengelernt haben sich die beiden im Hotel Vier-Jahreszeiten in Hamburg. Gemeinsam sind sie dann nach London in die Sterne-Gastronomie von Gordon Ramsay gegangen und anschließend zur Schweizer Hotelfachschule in Thun. Nach dem erfolgreichen Abschluss und diversen Praktika mit vielen Anregungen und Erfahrungen ging es dann in den elterlichen Betrieb nach Norden.

Das Restaurant im Reichshof hat insgesamt 140 Plätze, der Saal umfasst 300-350 Plätze und serviert werden hier durchaus Fünfgänge-Menüs in dieser Größenordnung.

Besonders beliebt sind die Themenabende im Reichshof, die internationales Esskultur-Flair nach Norden bringen. Immer ausgebucht sind aber auch die Kochabende, bei denen Gäste gemeinsam mit der Küchencrew fachsimpeln können. Ein Familienunternehmen in Norden, das als Traditionshaus gilt und immer neue Ideen für Genießer und Kenner bereit hält – der Reichshof in Norden eben!

Steckrübensuppe mit Wildklößchen und Kernöl

Steckrübensuppe

1	größere Steckrübe
1,5 L	Gemüsebrühe
2	mittelgroße Kartoffeln
1	Knoblauchzehe, kleingeschnitten
	Salz, Pfeffer, Curry, Ingwer und Muskatnuss zum Abschmecken

Steckrübe waschen, kleinschneiden und in Butter anschwitzen. Den Knoblauch dazu geben und mit der Brühe auffüllen. Die geschälten und kleingeschnittenen Kartoffeln mit zur Suppe geben und alles gar kochen. Mit den Gewürzen abschmecken, pürieren und durch ein Sieb passieren. Nachschmecken.

Wildklößchen

Die Farce wie für die Pastete herstellen, noch ein Ei und etwas Sahne hinzugeben. Mit einem kleinen Löffel Klößchen abstechen und in siedendes Wasser geben, nicht kochen. Wenn alle Klößchen im Wasser sind, den Topf nach etwa 5 Minuten vom Herd ziehen.

Zum Servieren die Klößchen in die Suppenteller geben, mit heißer Suppe auffüllen und mit etwas Kernöl beträufeln.

Hausgemachte Pastete vom heimischen Rehwild mit Quitten-Ingwer-Kompott

Pastetenteig

500 g	Mehl
200 g	Schweineschmalz
1 TL	Salz
1-2 dl	Wasser

Das Mehl auf den Tisch sieben und zu einem kleinen Berg zusammenschieben, in die Mitte eine Mulde drücken, die restlichen Zutaten in die Mulde geben und alles zügig zu einem Teig verarbeiten. Den Teig abgedeckt mindestens eine Stunde im Kühlschrank ruhen lassen. Für das Einfüllen in die Pastetenform ausrollen.

Farce

140 g	schieres Rehfleisch
140 g	schieres Schweinefleisch
160 g	frischer Speck
8 g	Pastetensalz
	Orangenzeste und Saft einer halben Orange
	Zitronenzeste und Saft einer halben Zitrone
	Wildgewürz zum Abschmecken

Das von allen Sehnen und Häuten befreite Fleisch und den Speck in Streifen schneiden und mit den Gewürzen bestreuen. Das Fleisch zweimal durch die feinste Scheibe des Fleischwolfs drehen, den Speck einmal durchdrehen. Die Mengen für eine Stunde in den Kühlschrank stellen, danach das Fleisch und den Speck mischen und durch ein Passiersieb (Flotte Lotte) streichen. Nochmals eine Stunde kalt stellen.

Einlage

2	Rehfilets
	Wildgewürz
	etwas Weinbrand
30 g	Pistazienkerne, grob gehackt
50 g	gekochter Schinken in Würfel geschnitten
20 g	Trüffel, gewürfelt (oder 1 EL Trüffelöl)
	Butter zum Anbraten

Die Rehfilets in etwas Butter anbraten, würzen, mit Weinbrand ablöschen und kalt stellen. Die Pistazien, den Trüffel und den Schinken unter die Farce arbeiten.

Die Pastetenform mit Butter ausstreichen, mit dem Pastetenteig (etwas Teig für die „Teigplatte" übrig behalten) auslegen, ein Drittel der Form mit Farce füllen. Aus der Mitte heraus die Farce die Wände hochziehen, sodass in der Mitte eine Rinne entsteht. Die Rehfilets hineinlegen und mit der Brat-Flüssigkeit beträufeln. Die restliche Farce einfüllen und die überhängenden Teigränder über die Farce legen, mit einer Teigplatte abdecken und an zwei Stellen der Teigplatte eine Öffnung für den Dampfabzug schneiden. Einen Kamin aus gerollter Aluminiumfolie in das Loch stecken und mit etwas Teig abkleben (sichern). Den Teig mit Eigelb einpinseln und dann die Pastete im vorgeheizten Ofen bei 220°C 15 Minuten anbacken und bei 180°C fertig garen. Nach etwa 25 Min. den Gartest machen.

Die Pastete ist gar, wenn die Flüssigkeit, die man durch die Kamine sieht, klar ist oder wenn man mit einer Nadel in die Pastete sticht, kurz wartet und dann die Nadel an die Unterlippe hält – sie muss heiß sein. Die Pastete abkühlen lassen, dann mit Madeira-Gelee ausgießen und kalt stellen.

Madeira-Gelee

200 ml	Wildfond
4 Blatt	weiße Gelatine oder Agar Agar
	Madeira nach Geschmack

Den Wildfond leicht temperieren , die in kaltem Wasser eingeweichte Gelatine ausdrücken und im Wildfond auflösen, mit Madeira nach Geschmack abschmecken und über die Pastete gießen.

Quitten-Ingwer-Kompott

400 g	Quitten, geschält, geviertelt und in Würfel geschnitten
60 g	Äpfel, geschält und gerieben
½ TL	Salz
125 g	Tomaten, gehäutet, entkernt und klein geschnitten
60 g	Zwiebeln, fein geschnitten
60 g	Rosinen
1 EL	Orangenzeste
	Saft einer Orange
150 g	Gelierzucker
½ TL	Zimt
½ TL	Muskatnuss gemahlen
½ TL	Cayennepfeffer
50 g	frischer Ingwer (gerieben)
150 ml	Weißweinessig
1 Prise	Safranfäden

Alle Zutaten bis auf die Quitten in einen Topf geben und zum Kochen bringen. Ca. 1 Stunde leise köcheln lassen und regelmäßig umrühren. Die Masse soll am Ende eine marmeladenähnliche Konsistenz haben. Dann die Quittenstücke zugeben und nochmals ca. 40 Minuten leise köcheln lassen bis zur Konsistenz eines Kompotts. Kalt servieren.

Rosa gebratene Nüsschen vom Lütetsburger Damhirsch an Kirsch-Pfeffersauce, Rosenkohlblättern und Mohn-Schupfnudeln

Hirschnüsschen

1 Hirschkeule vom Schlachter auslösen lassen (Nüsschen) oder gleich Nüsschen kaufen, von allen Sehnen und Häuten befreien, mit Salz und Pfeffer würzen und in Butter von allen Seiten anbraten. Im vorgeheizten Ofen bei 160°C ca. 6-8 Minuten zu Ende braten, ruhen lassen.

Kirsch-Pfeffersauce

1	Zwiebel
1 EL	grüner Pfeffer
2 cl	Weinbrand
500 ml	Wildfond aus dem Glas
1 EL	Kirschmarmelade
	frische entkernte Kirschen oder Schattenmorellen aus dem Glas
Etwa 2 EL	Speisestärke (für etwa 500 – 600 ml Sauce)

Zwiebel in feine Würfel schneiden, in Butter anschwitzen, ohne dass sie Farbe annehmen. Die Pfefferkörner dazugeben und das Ganze mit Weinbrand ablöschen. Mit dem Wildfond aus dem Glas auffüllen und reduzieren lassen. Die Kirschmarmelade hinzugeben und das Ganze weiter reduzieren lassen. Dann die Kirschen hinzugeben, aufkochen lassen und leicht mit Speisestärke binden.

Rosenkohlblätter

1 kg	Rosenkohl
	Etwas Butter
	Salz, Pfeffer, Muskatnuss

Die äußeren Blätter vom Rosenkohl entfernen, dann den kleinen Strunk entfernen und die einzelnen Blätter abtrennen. Die Blätter in Butter anschwenken und mit Salz, Pfeffer und Muskatnuss würzen.

Mohn-Schupfnudeln

500 g	mehlig kochende Kartoffeln
150 g	Mehl oder Stärke
30 g	Butter
1	Eigelb
	Salz, Muskat, Mohn nach Bedarf

Die Kartoffeln mit Schale gar kochen, pellen, heiß durch die Kartoffelpresse drücken und etwas abkühlen lassen. Mehl/Stärke, Gewürze und Eigelb zugeben und rasch zu einem Teig verarbeiten. Den Teig mit Hilfe von Mehl/Stärke zu einer Rolle formen, daraus fingerlange Röllchen formen, in siedendes Salzwasser legen und 5-6 Minuten ziehen lassen (nicht kochen), herausnehmen und abtropfen lassen. Butter in einer Pfanne zerlassen, die Schupfnudeln und etwas Mohn dazu geben und schwenken. Bei Bedarf etwas nachwürzen.

Pochierte Rotweinbirne mit Mandelzabaione und Nougatparfait

Pochierte Rotweinbirne

etwa ½ bis 1 L	Rotwein
1	Zimtstange
1	Nelke
2	Birnen

Rotwein mit Zimt, Nelke und etwas Wasser zum Kochen bringen. Die Birnen schälen, halbieren und entkernen. Dann in den heißen Rotwein geben (Birnen müssen bedeckt sein) einmal aufkochen und im Fond langsam kalt werden lassen.

Mandelzabaione

6	Eigelb
200 ml	ml Weißwein
100 ml	Mandelmilch (oder 25 g Marzipanrohmasse in 85 ml Milch auflösen)
50 ml	Amaretto
4 Blatt	Blatt Gelatine oder Agar Agar

Bis auf die Gelatine alle Zutaten im Wasserbad (nicht zu heiß) schaumig schlagen. Die in kaltem Wasser eingeweichte Gelatine unterrühren (auflösen). Man kann die Zabaione auch ohne Gelatine herstellen, aber dann hat sie keinen langen Stand.

Nougatparfait

6	Eigelb
75 g	Zucker
250 g	Nougat
50 g	Vollmilchkuvertüre
70 ml	Milch
	Saft einer halben Zitrone
500 ml	Sahne

Nougat und Kuvertüre in warmer Milch auflösen. Eigelb und Zucker im Wasserbad cremig aufschlagen. Die aufgelöste Nougatmasse zur Eimasse geben und unterheben. Mit Zitronensaft abrunden und kalt stellen. Wenn die Masse kalt ist, die fast steif geschlagene Sahne unterheben und für 6 Stunden in das Tiefkühlfach stellen.

Alle drei Teile auf einem Teller servieren, evtl. mit Minze garnieren.

FLEISCHEREI ILSCHNER

Klein, aber mit Tradition und Herzblut

Norden

Wenn man in Norden Richtung Norddeich fährt, liegt auf der rechten Seite die Fleischerei Ilschner. Der auswärtige Besucher vermutet dahinter sicher eine ganz normale Fleischerei, was sie einerseits auch ist. Für die Norder Gastronomen und die einheimischen Fleischproduzenten ist die Familie Ilschner allerdings ein Begriff für besondere Produktionen. Schon vor der BSE-Krise hatte sich Jens Ilschner mit dem Norder Fleischermeister Appelhagen und anderen Mitstreitern zum Verbund „Gläserne Kette“ zusammengeschlossen: Nachverfolgbarkeit der Herkunft der Tiere, artgerechte Haltung, überwiegend hofeigenes Futter, kurze Transportwege zur Schlachtung und handwerklich hergestellte Fleisch- und Wurstwaren nach alter Tradition waren die Kriterien dieses Qualitätsbündnisses. In Ostfriesland übrig geblieben sind heute nur noch die beiden Unternehmen – vielleicht war damals die Zeit noch nicht reif? Dennoch bleibt Jens Ilschner seiner Überzeugung treu. „Bei Dauerware praktizieren wir ein Naturverfahren. Wir verwenden für die Wurstwaren keine Nitritpökelsalze, sondern nur Steinsalz, das hat nicht diese Salzspitze, ist kein raffiniertes Salz und ist gesünder, und zum Würzen nehmen wir eine Gewürzmischung aus biologisch angebauten Zutaten aus dem Allgäu. Wir verwenden kein Glutamat, auch nicht in unseren Catering-Produkten oder unserem Mittagstisch. Ich sage unseren Lieferanten immer, bitte keine Zutaten ominöser Herkunft. Ich will wissen, was in den Mischungen drin ist“, so der Fleischermeister. Sein Vater Gerd nickt. Er unterstützt die Überzeugung seines Sohnes, denn das hat Tradition in der Metzger-Dynastie. Ursprünglich kommt die Familie aus Meißen, und dort hatte schon der Großvater einen Fleischereibetrieb am Markt. 1963 hat der Vater den heutigen Betrieb in Norden übernommen – die Fleischerei Ilschner ist also ein Familienbetrieb in mehreren Generationen, und der Nachfolger wächst schon heran – 2013 wird das 50-jährige Betriebsjubiläum gefeiert.

„Ich schlachte auf dem Norder Schlachthof meine Tiere selbst und verwerte sie ganz. Für normale Haushalte und auch viele Gastronomen ist die Kenntnis für die Verarbeitung verschiedener Teile eines Tieres verloren gegangen. Kaum ein Haushalt

Hannelore und Jens Ilschner

ist noch in der Lage, anderes als Edelteile zu verarbeiten. Wir verarbeiten alles und haben dabei Spezialitäten entwickelt, die wirklich besonders sind, z.B. unsere Deichlammkräuterrolle – das ist praktisch eine Roulade aus Lammhals, - brust, -gehacktem und Kräutern. Wer verarbeitet heute noch Lammbrust?? Aber das geht gerade zu Ostern weg wie warme Semmeln. Wir machen aus jedem Tier besondere Spezialitäten, sei es unser ostfriesischer Gewürzschinken, eine Hirschsalami, Wildschweinschinken, Lammbratwurst oder was auch immer. Die guten Kunden und Gastronomen wissen das zu schätzen", so Jens Ilschner. Besonders ist aber die Schlachtung und Verarbeitung der Tiere aus der Region. „Wir schlachten und verarbeiten eh nur Tiere aus unserer Region, aber besonders die Schaf- und Ziegenschlachtung und -verarbeitung ist in den letzten Jahren gut angelaufen. Wir liefern an die hofeigenen Produzenten die rohe und verarbeitete Ware – Schinken, Salami und andere Spezialitäten. Ich bin auch wirklich überzeugt von den ostfriesischen Lämmern und Ziegen, die sind einfach würziger im Geschmack als die Ware aus Übersee". Der Ausbildungsbetrieb Ilschner mit seinen Mitarbeitern hat sicher gegenüber Supermarktfleischangeboten mit Großschlachtereien und Massenzuchtbetrieben im Hintergrund zu kämpfen, aber Jens Ilschner mit seiner Frau Hannelore, dem Vater Gerd und die Mitarbeiter stehen für eine außergewöhnliche Qualität, die es zu bewahren gilt, und sei es nur für eine kleine exquisite Kennerschaft – allerdings nimmt die immer mehr zu.

Pastetensalz

Für den Vorrat

10	Pfefferkörner
10	Korianderkörner
1 EL	getrockneter Thymian
1 EL	getrocknetes Basilikum
2	Nelken
1 TL	Muskat
2	Lorbeerblätter
5	Pimentkörner
4	Macisblüten
1 TL	Kardamom
1 TL	Paprika edelsüß
15 g	getrocknete Steinpilze

Alle Zutaten pulvrig zerkleinern (Mörser oder Zerhacker). 30 g Pastetengewürz auf 500 g Steinsalz oder Meersalz – alles mischen und trocken in einem Glas mit Schraubverschluss aufbewahren. Rezept: Veronika Nölle

Luftgetrocknete Wurstwaren haben in Ostfriesland Tradition, weil das Nadelholz fürs Räuchern hier fehlte und die salzige Luft einen besonderen Geschmack ergibt

Gebackener Spieß von ostfriesischen Kleikartoffeln

600 g	Kleikartoffeln (ausgesucht klein, etwa pflaumengroße) – festkochend, Belana
2	rote Paprika

Kartoffeln in Salzwasser mit einer Prise Kümmel gar kochen, abgießen, pellen, etwas auskühlen lassen. Paprika halbieren, entkernen, in grobe Stücke schneiden.

Kartoffeln abwechselnd mit den Paprikastücken (wer möchte, kann auch noch Zwiebeln nehmen) auf acht Schaschlik-Spieße aufspießen.

Alles in Rapsöl rundherum anbraten, salzen, pfeffern.

Dazu passen leckere Dips (z.B. von den Landleckereien), frischer Salat, eingelegte Gemüse etc.

Rezept: Panorama-Restaurant Seekrug, Langeoog

SIEBRANDS FISCHEREIBETRIEB

Morgens bestellt und abends auf den Tisch!

Greetsiel

Man kann heute über die Firma Siebrands fast alles beziehen, was aus dem Wasser kommt, selbst die exotischsten Fische oder Algen. Das war nicht immer so. „Groß geworden sind wir mit Krabben. Dann kamen noch Schollen, Seezungen und andere Plattfische dazu, eben alles, was in Küstennähe zu fangen war", so Hermann Siebrands, der mit seinem Bruder Karl-Heinz den Betrieb 1980 von den Eltern übernommen hat. Lange galten Krabben nur als Beifang und wurden für wenig Geld als Tierfutter verkauft. Doch die Geschmäcker ändern sich, und so wurde in den frühen Nachkriegsjahren die Nachfrage nach Speisekrabben immer größer. Die Eltern der heutigen Firmeninhaber fanden einen Vertriebsweg in den Niederlanden, schälten selber Krabben und ließen Frauen aus der Umgebung schälen. Die Nachfrage stieg kontinuierlich und die Produktionsmittel reichten bald nicht mehr aus, die Nachfrage zu decken. Ältere Menschen erinnern sich sicher noch, dass Krabbensalat in den 60 er Jahren ein Ausdruck der besonders modernen Küche und vor allem auch ein Indiz dafür war, dass man sich jetzt auch etwas Besonderes leisten konnte. Mit einem Pony mit Wagen wurden damals noch die Krabben in die Greetsieler und Pilsumer Haushalte ausgeliefert und gepuhlt wieder eingesammelt. „So wie das früher in Heimarbeit lief, will man das wirklich nicht mehr. Das ist heute auch gar nicht mehr erlaubt. Wir haben sehr hohe Hygienestandards einzuhalten. Bei den Mengen heute braucht es auch rationalisierte Verarbeitungsmethoden. Es gibt ja auch immer mal wieder Menschen, die meinen, die Krabbenfischer betrieben Raubbau, wenn die Bestände auf einmal ganz gering sind und die Krabben teurer werden. Das beruht jedoch auf einem Unverständnis. Die Krabben wandern in tiefere Gewässer, plötzlich sind sie in großen Mengen an anderer Stelle wieder da. Das erzählte schon mein Vater", so Hermann Siebrands. Weil die Bestände gar nicht bestimmt werden können, entfällt hier auch die Grundlage für das MSC (Marine Stewardship Council)-Siegel gegen die Überfischung der Weltmeere.

Aus dem ehemaligen Krabbenhandel entwickelte sich mit der Zeit ein gut gehender Fischgroßhandel mit modernsten Anlagen und elektronischem Zugang zu den Fisch-Auktionen, doch schaut auch der über 90jährige Vater noch jeden Morgen auf einen

Alexander Braun

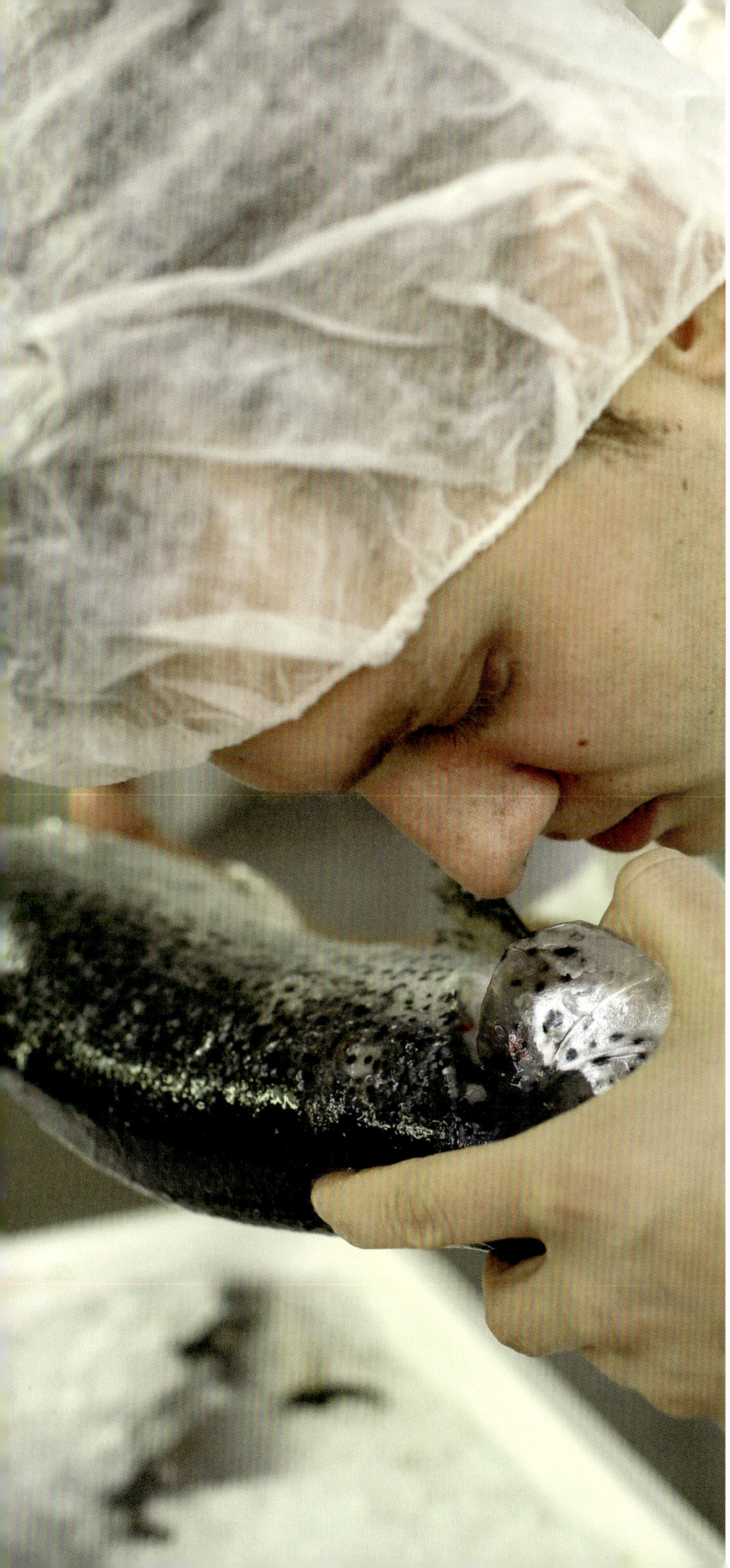

Kaffee vorbei, ein Familienunternehmen eben, das mit der Zeit gegangen ist. „Wir sind inzwischen elektronisch jederzeit über die gefangenen Sorten und Mengen informiert und können auch alles liefern, was der Kunde wünscht. Ob das so sein muss, ist eine Frage der Einstellung der Kunden und der Verbraucher. Frischer Fisch ist ökologisch in Ordnung, aber eben auch teuer. Ein Naturprodukt lässt sich nicht so detailliert planen wie ein Hochregallager, das Meer hat eigene Gesetze", so Eugen Schoone, Vertriebsleiter von Siebrandsfisch. Respekt vor dem wertvollen Lebensmittel Fisch ist eine Devise des Unternehmens. „Wir kaufen nahe am Kunden ein, wir beraten über das Angebot und kaufen so gut es geht nur soviel ein, wie wir auch verkaufen können. So vermeiden wir nicht mehr verwertbare Warenüberschüsse. Fisch ist einfach zu wertvoll und zu teuer, als dass man damit verschwenderisch umgehen könnte", so Schoone weiter.

Gegründet wurde der Krabben- und Fischhandel 1961 von Harm Siebrands und seiner Frau Agnes, den Eltern der heutigen Inhaber. Für Harm Siebrands war es der Umstieg vom Fischer zum Händler. Doch schon seit über 100 Jahren ist der Name Siebrands in der Greetsieler Fischerei ein Begriff. Heute sind über 400 Produkte im Sortiment und die Siebrands-Laster fahren täglich weit über Ostfriesland hinaus die Kundschaft an. Die Mehrheit der Kunden sind Gastronomen, die morgens anrufen und am selben Tag noch die Ware bekommen. Frische, die die Kunden schätzen, und trotz weltweiter Einkäufe sind natürlich immer noch die ostfriesischen Kutter für Siebrands unterwegs - ein Unternehmen, das sich aus der Region entwickelt hat und sich mit dieser verbunden fühlt.

Krabbenrührei auf ostfriesischem Schwarzbrot

250 g	Nordseekrabben
1	Zwiebel
4 EL	Pflanzenöl
8	Eier
1 TL	Zitronensaft
	Pfeffer, Prise Zucker
	Schnittlauch

Zwiebel klein schneiden und in Öl glasig dünsten, Krabben zufügen und andünsten, dann die Eier zugeben, durchrühren und etwas stocken lassen, dann die Gewürze und den Schnittlauch dazu geben. Alles mit gebuttertem Schwarzbrot servieren. Rezept: Veronika Nölle

Fischfang ist nur bedingt berechenbar. Die Fangmengen und -qualitäten ändern sich ständig

DER BIOLAND-HOF AGENA

Pioniere braucht das Land...

Krummhörn-Schoonorth

Die Geschichte der Familie Agena als Bauern reicht bis in das 15. Jahrhundert zurück. Ursprünglich kam die Familie aus der Geest. Fünf Familien hatten sich zur Landgewinnung des nach einem preußischen Regierungsbeamten benannten Hagenpolder in der Krummhörn zusammengeschlossen und die Kosten für die Eindeichung privat aufgebracht. Jede Familie begann mit der Bearbeitung von 60-70 Hektar. Um 1800 begann die Familie Agena mit der heutigen Hofstelle, die inzwischen auf 190 Hektar angewachsen ist. Ursprünglich wurde der Hof viele Jahre als Mischbetrieb bewirtschaftet, seit 1988 führt die heutige Familie Agena den Hof nach den Richtlinien des Bioland-Verbandes. Neben Getreide – Weizen, Roggen, Dinkel, Gerste und Hafer – werden Ackerbohnen, Kartoffeln, Möhren und eine Reihe anderer Feldgemüse angebaut. Im Foliengewächshaus gedeihen die für unser Klima empfindlicheren Pflanzen wie Tomaten, Paprika und mehr. Der Umbau des Hofes auf einen kontrolliert ökologischen Landbau war nicht einfach. „Der Strukturwandel in der Landwirtschaft hat zur Aufgabe von Höfen geführt, anfangs galt ja nur noch das Prinzip, wachse oder weiche. Dagegen wollten wir aus Überzeugung Qualität setzen. Wir sind in unserer Familie schon lange der Meinung, dass das der richtige Weg ist. Über das Studium in Osnabrück, aber ganz einfach auch, weil ich angefangen habe, mich gründlicher zu informieren, sind mir die Widersprüche in der konventionellen Landwirtschaft so nach und nach deutlich geworden – Pestizide im Grundwasser, Resistenzen durch Herbizide, hohe Subventionen inklusive Umweltbelastung und so weiter. Wir waren zusammen mit vielen Kollegen in der Umweltbewegung aktiv, wir waren jung und wollten etwas verändern und vor allem als Junglandwirte auch Verantwortung für unser Land und unsere Kinder übernehmen.“ Die inzwischen junge Agena-Familie mit Kindern ging das Wagnis der Umstellung auf die Bio-Landwirtschaft ein. Anfangs, nach der Umstellungsphase, konnten über Stilllegungsprämien Flächen mit Leguminosen bepflanzt werden, die die Düngung übernahmen, da der Hof ja keine Viehhaltung betrieb. Mit der Wende gab es dann aber einen dramatischen Preiseinbruch für Getreide durch die großen Flächen der ehemaligen LPGs. Die Familie setzte nun auf verschiedene Standbeine und baute zusätzlich Kartoffeln und Gemüse an. Die Kartoffelernte brach unter der Krautfäule ein, das Extensivierungsprogramm der Bundesregierung brachte Überschüsse, vor allem bei

Garrelt Agena

Durch blütenreiche Ackersäume schaffen wir Lebensraum und Nahrungsmöglichkeiten für Vögel, Kleinsäuger und Insekten

Getreide, dafür fehlten aber damals noch die Vermarktungsstrukturen. So musste trotz größeren Einsatzes ein erheblicher Teil der Ernte zu konventionellen Preisen vermarktet werden. Nicht selten hat Agena ans Aufgeben gedacht. Das regelmäßige Lehrerinnengehalt seiner Frau rettete die Familie durch manche ökonomischen Engpässe. „Nach den zum Teil turbulenten Zeiten in den beiden vergangenen zwei Jahrzehnten haben wir uns inzwischen doch ganz gut etabliert mit unserem Biolandhof. Ich habe einen freigewordenen Marktplatz in Norden übernommen, weil der direkte Kontakt mit den Kunden großen Spaß macht“ , so Agena. Der Hof beliefert neben dem Lebensmittelhandel mit Kleikartoffeln und dem Großhandel auch Privatkunden mit Gemüse-Abo-Kisten und hat einen Hofladen mit Vollsortiment. „Wenn ich mich weiter spezialisiert hätte, wäre ich vielleicht quantitativ besser mit meinem Produkt, aber natürlich auch anfälliger für klimatische und biologische Störungen oder Markteinflüsse bei einem einseitigen Sortiment. Eine noch größere Vielfalt erhalten wir durch die Kooperation mit den ostfriesischen Kollegen. Wir führen in unserem Laden und in der Abokiste natürlich auch die Waren anderer Biohöfe aus der Region, aber das Ausmaß der regionalen Vermarktung hält sich bislang schon noch in Grenzen. Vielleicht haben wir hier in Ostfriesland auch das Problem, dass wir keine Metropole mit einer entsprechenden Käuferschicht vor Ort haben. Aber einiges ließe sich sicher auch über das Internet vermarkten.“ Mit Engagement bündelt Garrelt Agena mit der Idee der besseren Regionalvermarktung die Kräfte in der Region, um den bäuerlichen Familienbetrieben über die Direktvermarktung ein weiteres Standbein zu sichern.

Innovationen brauchen eben auch aktive und mutige Mitdenker.

Karottengrün-Pesto

1 Bund	möglichst frisches Karottengrün
100 ml	Olivenöl oder Rapsöl
1	Knoblauchzehe
60 g	alter Pilsumer Bauernkäse, gerieben (alternativ Parmesankäse)
30 g	Sonnenblumenkerne
	Meersalz

Sonnenblumenkerne trocken in einer Pfanne rösten, bis sie gleichmäßig hellbraun sind. Etwas abkühlen lassen und im Mixer fein mahlen. Karottengrün und Knoblauch ebenfalls im Mixer zerkleinern und das Sonnenblumenkernmehl dazugeben. Nochmals kurz durchmixen. Öl und Käse zugeben und alles gut vermengen.

Mit Salz und vielleicht auch etwas Pfeffer abschmecken.

Ein Schraubglas heiß ausspülen und zusammen mit dem Deckel kurz in kochendes Wasser legen. Herausnehmen und auf einem sauberen Tuch kurz abtropfen lassen.

Das Pesto in das Glas geben und mit Öl randvoll auffüllen.

So hält sich das Pesto im Kühlschrank etwa einen Monat. Rezept: Landleckereien

„Nach den zum Teil turbulenten Zeiten in den beiden vergangenen zwei Jahrzehnten haben wir uns inzwischen ganz gut etabliert mit unserem Biolandhof“

BIOLANDHOF LÜTTJE PLAATS

Lüttje Witte – ein Weißschimmelkäse erster Güte

Krummhörn-Eilsum

Ein kleiner Hof, 19 Hektar, 13 Kühe mit ihrer weiblichen Nachzucht hinterm Deich und eine kleine Käserei – das ist der Biolandhof Lüttje Plaats, den die Agraringenieurin Elsa Neemann und der Landwirtschaftsmeister Siegfried Württemberger betreiben. Viel Geld verdient man mit so einem winzigen Hof nicht, und erst ganz langsam reift in der Region die Erkenntnis heran, dass es sich hier um ein Kleinod in der hintersten Krummhörn handeln könnte. Bioläden, aber auch einige Hotels aus der Region und von den Inseln sind bereits auf den Geschmack gekommen und bieten die erstklassigen Frisch- und Weichkäse-Produkte für ihre Kunden und Gäste an. Denn die gute Milchqualität kann man schmecken und die geht so: Im Sommer weiden die Kühe auf der Weide und fressen das Gras, das auf dem fruchtbaren Marschboden wächst, zusätzlich bekommen sie Schrot von der Bio-Getreidemischung des Biolandhofes Agena ganz in der Nachbarschaft, nämlich Weizen, Gerste, Hafer, Erbsen. Im Winter bekommen sie Heu, möglichst trocken gewonnene Grassilage und wieder Schrot – weder importiertes Sojaschrot noch Maissilage kommen in den Kuhmagen.

Ein Teil der erzeugten Milch wird nach den strengen Bioland-Auflagen in der hofeigenen Käserei zu Käseprodukten verarbeitet, die schonend dann ausschließlich von Hand verschöpft und abgefüllt werden. Die gemolkene Milch wird dazu vorsichtig in den Käsekessel transportiert und dort erhitzt; für Joghurt oder Quark wird sie pasteurisiert, d.h. auf 63°C erwärmt; beim Teekeeske oder Lüttje Witte wird sie nur auf Körpertemperatur erwärmt. Danach kommen bei allen Produkten Säuerungskulturen in die Milch. Diese wandeln die Milch in feste Substanz um und machen sie sauer und damit haltbar. Bei den Käsesorten kommt dann noch Kälbermagenlab zur Dicklegung in den Kessel. Dann muss alles „brüten“, um dann weiterverarbeitet und abgefüllt zu werden, während der Weichkäse vor sich hin reift, gewendet und gepflegt werden will. Weder kommt Milchpulver beim Joghurt zum Einsatz noch wird bei einem hohen Fettgehalt entrahmt – so wird die Milch geschont und ein möglichst naturnahes Lebensmittel erhalten. „Manchmal, im Frühjahr, da ist der Joghurt gelblich und fetthaltiger als sonst. Das liegt an dem vielen Löwenzahn auf der Wiese und dem frischen Gras.

„Manche Kunden sind dann irritiert, sie kennen nur die „gleichbleibende Qualität“, aber die ist mit der Natur nicht zu haben. Naturprodukte sind eben je nach Jahreszeit, Standort und Klima verschieden, und das schmeckt man auch, wenn nicht künstlich manipuliert wird“, so Elsa Neemann.

Die Agrar-Ingenieurin hat den Hof von ihren Eltern übernommen, die nach einer Erkrankung des Vaters die schwere Arbeit nicht mehr bewerkstelligen konnten und die Flächen brach liegen lassen mussten. Elsa hatte nach ihrer Ausbildung die Möglichkeit, in diversen Agrarbehörden zu arbeiten, und hat es auch versucht, aber die Bürokratie und die Haltung des „Big is beautiful“ hat sie als unerträglichen Zwang zur Aufgabe kleinerer Familienbetriebe und -existenzen und damit zur Veränderung unserer Landschaft empfunden. So ist sie mit Unterstützung von Siegfried Württemberger das Wagnis eingegangen, den kleinen Hof ohne Intensivierungsmaßnahmen zu erhalten.

Frisch- und Weichkäse werden ausschließlich regional vermarktet und sind ein richtiges ostfriesisches Naturprodukt.

Teekeeske ist ein Weichkäse aus Bioland-Rohmilch mit Ostfriesentee gepflegt

KÄSEHOF BERKHOUT

Boerenkaas und Geitenkaas – Pilsum gezond

Pilsum

Die Hofkäserei Berkhout in Pilsum stellt seit 1985 Käse in hoher Qualität aus der hofeigenen Milch her – mehr als 500 Liter Kuh- und Ziegenmilch werden täglich verarbeitet. Die Tiere weiden auf den gehaltvollen Marschwiesen, und das Grundfutter stammt aus dem eigenen Anbau.

Angefangen hat es mit dem Käseverkauf auf den umliegenden Wochenmärkten mit einem kleinen Verkaufsanhänger. Inzwischen sind die Familienmitglieder bereits in der zweiten Generation auf dem Hof tätig. Claudia Berkhout, die Ostfriesin in der niederländisch stämmigen Familie, hat Biotechnologie studiert und als junge Frau Erfahrungen in der Molkerei Rücker in Aurich gesammelt. So ist neben einem Molkereimeister noch eine Fachfrau in der Familie.

Die alten Berkhouts hatten es mit ihrem „Bauernkäse“ anfangs recht schwer, in der Krummhörn Fuß zu fassen - abwartend bis skeptisch wurden die „Holländer“ beäugt. Heute sind sie mit ihrem Hofladen und Internetvertrieb längst anerkannt. Vor allem für die vielen Touristen, die ein Stück Ostfriesland als Rohmilchkäse in vielen Variationen mit nach Hause nehmen möchten, ist der Hofladen ein Anziehungspunkt. „Renner sind die Pilsumer Käseplatte, die in der Cafeteria des Hofladens angeboten wird, oder der gelb und weiß gefleckte „Kuhzie“, eine Mischung aus Kuh- und Ziegenmilch, wobei nicht die Milch, sondern der Käsebruch gemischt wird. Das ergibt einen sehr würzigen Käse“, so Claudia Berkhout. „Ich favorisiere allerdings eher den reinen Ziegenkäse, denn Ziegenmilch ist ein sehr wertvolles Lebensmittel. Gerade bei Kuhmilcheiweiß- und Laktoseallergie sind Ziegenmilchprodukte sehr gut verträglich. Außerdem enthält die Milch weniger Fett als Kuhmilch.“

Als mit viel Liebe restauriertes altes ostfriesisches Dorf lohnt Pilsum sowieso einen Besuch. Wer ihn unternimmt, sollte Berkhouts Hofladen ebenso wenig auslassen wie die Alte Brauerei, wo natürlich auch Käse von Familie Berkhout serviert wird.

Claudia Berkhout

Als Zugereiste muss man in der Krummhörn einen langen Atem haben – aber dann hat man gute Nachbarn

ALTE BRAUEREI

„Ein Dorf braucht ein Wirtshaus und einen Laden…“

Pilsum

Erstaunlich lebendig wirkt nämlich das Warfendorf Pilsum in der Krummhörn - vor der Alten Brauerei sitzen Leute und schwatzen, eine Galerie mit regelmäßigen Ausstellungen zieht Besucher an, ein Kunsthandwerker experimentiert mit Glas, eine imposante Kirche steht für das Seelenheil und ein kleiner, aber feiner Dorfladen, in dem es im Sommer auch sonntags Brötchen gibt, belebt das kleine Dorf. Wenn das Sortiment im Laden nicht ausreicht, kann man sich außerdem auf dem nahegelegenen Käsehof Berkhout noch eindecken. Selbst die Vorgärten erscheinen hier bunter und wilder als anderswo. Achtzig Betten werden in der Saison für die Gäste angeboten. „Als wir in den 80er Jahren hierher kamen, hatte das Dorf schon das Schicksal ereilt, das sich heute in vielen anderen Dörfern vollzieht, nämlich die Abwanderung junger Leute und die Schließung sämtlicher Einrichtungen des täglichen Bedarfs. Hier standen viele Häuser zum Verkauf, einige Gebäude waren schon verfallen“, so Klaus Szkudelski, einer der Mitinhaber des inzwischen gut etablierten Restaurants in der Alten Brauerei und örtlicher Galeriebesitzer. Eine Entwicklung, die angesichts der ehemals nicht unerheblichen Bedeutung Pilsums als Handelsplatz für die Hanse mit einem seegängigen Hafen kaum nachzuvollziehen ist. Gleichzeitig gab es aber vor allem in den Städten einen Trend zurück aufs Land. So haben sich dann einige Enthusiasten auch hier eingefunden und Höfe und Häuser gekauft und restauriert. Auch einige junge Einheimische zog es wieder zurück, wie Jürgen Itzenga mit seiner jungen Familie, der hier geboren und aufgewachsen ist. „Als dann 1996 die Alte Brauerei zum Kauf angeboten wurde, sind wir zu dritt das Wagnis eingegangen, das marode Gebäude denkmalgerecht wieder aufzubauen. Ein Restaurant, eine kleine Kneipe und den Dorfladen gleich mit dazu, das wollten wir angehen.“ Zum Glück ist Jürgen Itzenga nicht nur ein begnadeter Koch, der schon viel in der Welt herumgekommen ist, sondern auch ein begnadeter Handwerker.

„Ohne seine Kenntnis und Tatkraft hätten wir das wahrscheinlich nicht gestemmt“, erzählt Joachim Smit-Szkudelski.

Im Gebäude von 1673 sind Keller, Upkammer, Schankstube, Karnhuus, Sudhaus und Gulf wieder freigelegt, mächtige Deckenbalken überspannen die

Haye Itzenga

Wir lieben die einfache und ehrliche Küche, gute Produkte sind dafür die Voraussetzung

Räume und belegen die geschichtsträchtige Zeit des Hauses, dessen Außenfassade im Stil der friesischen Renaissance erbaut wurde. „Es reizt mich schon, hier wieder zu brauen wie ehemals der Brauer Ubbo Hansken Ubben", so der Sohn Haye Itzenga, ebenfalls Koch und Küchenmeister mit badischen kulinarischen Einflüssen aus seiner Freiburger Zeit, wohingegen der Vater lange in Schweden gelebt und gekocht hat, was man gerade bei den Fischspezialitäten spürt. „Wir haben hier eine ehrliche und immer frische Küche aus überwiegend regionalen Produkten. Ich kenne die Produzenten und schätze deren Qualität. Bei uns gibt es nichts Gourmet-Exotisch-Eingeflogenes, wir achten auf Saisonalität", so Jürgen Itzenga.

Das Restaurant hat einen ausgezeichneten Ruf über die Krummhörn hinaus, was nicht nur am guten Essen, sondern auch an den sympathischen Inhabern liegt. Hier eine Kostprobe zum Nachkochen:

Flädderbeerensuppe mit Grießklößchen

Matelote vom Kabeljaufilet

Steak vom Salzwiesen Anguskalb, Steckrüben-Möhren-Kartoffelmousse und glasierte Schalotten

Sanddorn-Ziegenmilcheis mit Borsumer Apfel-Zwetschgenkompott

Flädderbeerensuppe mit Grießklößchen

500 g	Flädderbeeren (Holunderbeeren)
50 g	Grieß
15 g	Speisestärke
	Salz, Muskat, Butter
100 g	Zucker
	Saft einer Zitrone
1	Ei

Holunderbeeren von allen Stielen befreien. Im Dampfentsafter entsaften. Den gewonnenen Saft mit Zucker und Zitronensaft aufkochen und abschmecken. Suppe leicht mit Speisestärke abbinden.

Grießklößchen

In die Milch Salz, Muskat und die Butter geben und zum Kochen bringen. Den Grieß langsam einrieseln lassen und stets rühren, bis die Masse sich vom Topfboden in einem dicken Klumpen löst. Den Teig abkühlen lassen. Nach dem Abkühlen das Ei einarbeiten. Mit zwei Teelöffeln (wahlweise auch Esslöffel, je nach gewünschter Größe) Klößchen formen und in einen Topf mit heißem Wasser geben. Zur besseren Handhabung die Löffel nach jedem Klößchen in eine Tasse mit heißem Wasser tauchen. Die Klößchen ca. 10 Minuten leicht köcheln lassen. Schwimmen sie oben, sind sie fertig.

Matelote vom Kabeljaufilet

500 g	Kabeljaufilet
80 g	Fischfond
80 ml	Sahne
400 g	Wurzelgemüse
	Butter zum Anschwitzen
10 g	Salz
10	zerstoßene weiße Pfefferkörner

Frisches Kabeljaufilet in gleichmäßige Stücke schneiden. Wurzelgemüse in Streifen schneiden und in einem breiten Topf mit Butter anschwitzen. Mit Fischfond ablöschen und den Kabeljau auf dem Gemüse mit geschlossenem Deckel dämpfen. Nach dem Dämpfen den Fischfond abpassieren und mit Sahne einkochen. Kabeljau auf die Gemüsestreifen legen und mit Sauce übergießen.

Steaks vom Salzwiesen-Anguskalb, Steckrüben-, Möhren-, Kartoffelmousse und glasierte Schalotten

1 kg	Kalbfleisch
je 200 g	Steckrüben, Möhren, Kartoffeln
200 g	Schalotten
	Zucker, Salz, Pfeffer, Muskat, Gemüsebrühe
	Geklärte Butter zum Anbraten

Steckrüben, Möhren und Kartoffeln schälen und in Würfel schneiden. Mit Gemüsebrühe aufsetzen. Nach dem Garen (20 Minuten kochen) das Gemüse würzen und pürieren. Ganze Schalotten in Butter anbraten und mit Zucker glacieren. Zarte Kalbssteaks leicht plattieren und in geklärter Butter anbraten (Kalbfleisch sollte leicht rosa sein). Mit Salz und Pfeffer würzen.

Sanddorn-Ziegenmilcheis mit Borsumer Apfel-Zwetschgenkompott

300 g	Zwetschgen
300 g	Äpfel
500 ml	Sanddorn-Ziegenmilcheis (oder Kuh-Milcheis)
150 g	Gelierzucker
2	Zimtstangen

Zwetschgen entkernen und längs vierteln. Apfel schälen und in gleichgroße Stücke wie die Zwetschgen schneiden. Das Obst mit Zimtstangen und Gelierzucker im Verhältnis zwei Teile Obst - einen Teil Zucker einmal kurz aufkochen.

HOF AM DOLLART – DEMETERHOF KEHL

„Unser Grund und Boden ist Teil von uns...“.

Wybelsum

Die Geschichte der Familie Kehl als Demeterhof ist ausgesprochen interessant, denn in der Entwicklung des Hofes hat sich der Zugang zur biologisch-dynamischen Bewirtschaftung zunächst eher zufällig entwickelt. In der Nachkriegszeit herrschte in der Krummhörn durch die aus dem Osten hereinströmenden Flüchtlinge und durch die Bombardierung Emdens eine große Wohnungsnot, die die Kommunalpolitiker durch die Schaffung von Siedlungsstellen zu bekämpfen versuchten. Um eine solche Siedlungsstelle in Wybelsum bewarb sich auch der Vater von Karl-Heinz Kehl, Landwirt aus Pommern. Parzellen für insgesamt 20 Familien, je ein kleines Häuschen mit Stall und sechs Tierboxen konnten käuflich erworben werden. Neben der Bewirtschaftung für den Eigenbedarf produzierten fast alle Weißkohl für die nahe gelegene Sauerkrautfabrik.

Die Industrialisierung der Landwirtschaft nahm langsam auch Einzug in die Krummhörn. Kunstdünger war modern und ertragssteigernd und Herbizide erleichterten die Arbeit. Dem Landwirt Kehl waren die chemischen Keulen unheimlich. Gerade bei dem schweren Boden befürchtete er eine Bodenverdichtung und eine Veränderung der Mikroorganismen. Bestätigung fand er in unmittelbarer Nachbarschaft bei Dr. Theodor Becker, der Saatgutvermehrung betrieb und in der Türkei mit unterschiedlichen Sorten und Böden experimentiert hatte. In diesem, in Kreisen der biologisch-dynamisch wirtschaftenden Landwirte höchst angesehenen Experten, fand der Vater von Karl-Heinz Kehl seinen theoretischen Überbau. Der Praktiker diskutierte und experimentierte mit dem Theoretiker, beide gingen eine symbiotische Beziehung ein, organisierten Kurse und beobachteten den Anbau und die Entwicklung der Böden genau. Die Sauerkrautfabrik zahlte für den Kohl einen guten Preis und so waren die Schulden für Haus und Hof bald abbezahlt. Vater Kehl baute bald auch Gemüse für die Direktvermarktung an, und weil der Geschmack schon herausragend war, kamen die Leute von weit her, um sich für den Winter einzudecken – Kartoffeln, Möhren, Kohl, Zwiebeln u.v.m.., eben alles, was lagerfähig war. Die meisten Menschen hatten noch gut temperierte Keller, die diese Art der Vorratswirtschaft ermöglichten. Der Rest wurde eingemacht.

Über die Präparate, die ausgebracht wurden, die Erfahrungen damit, die Vermehrung von Saatgut

Elke und Karl-Heinz Kehl

und viele Fragen der biologisch-dynamischen Landwirtschaft diskutierten die Experten und Praktiker in regelmäßigen Treffen und Lesekreisen. Weiterbildung war und ist ein wichtiger Bestandteil der Betriebe. Einen weiteren Mitstreiter in Ostfriesland gab es noch in Albert Trauernicht, der Roggen für sein berühmtes ostfriesisches Schwarzbrot anbaute. Den Roggen dafür bezieht die Witwe Trauernicht immer noch vom Demeterhof Kehl. Vermarktet wurde allerdings alles nach Preisen der konventionellen Landwirtschaft – wie die Produkte angebaut wurden, interessierte damals nur wenige Menschen. Die biologisch-dynamisch arbeitenden Landwirte waren somit alle Gesinnungstäter und sind es im Grunde bis heute geblieben. Erst 1969 wurde der Demeter-Hof Kehl zertifiziert. „Es ist hier in der Gegend immer noch sehr schwer, Demeter-Produkte abzusetzen. Die Leute sind skeptisch und geben für Lebensmittel eher weniger Geld aus. Emden ist eine Arbeiterstadt, da liegen die Konsumprioritäten bei insgesamt geringerem Budget eben anders. Aber ich bin von unserer Produktionsweise überzeugt, wir sind mit uns und der Natur im Einklang. Wir betreiben Kompostwirtschaft, wir haben Tiere in der Mutterkuhhaltung, wir haben Grünland und bauen Grünfutter an, es gibt keine künstliche Düngung, und blühende Randstreifen, wie sie jetzt von den EU-Agrarministern diskutiert werden, haben wir immer schon gehabt", so Karl-Heinz Kehl, der mit seiner Frau Elke heute den Hof betreibt.

Nach dem Landwirtschaftsstudium in Osnabrück, wo Karl-Heinz Kehl auch alle Spielarten der konventionellen Landwirtschaft erlernt hat, durch die seine Überzeugung von der Richtigkeit der biologisch-dynamischen Bewirtschaftung aber nur noch gefestigt wurde, ist er 1984 in den väterlichen Betrieb eingestiegen. Viele Jahre wurden die 10 Ha Land im reinen Freilandanbau mit Gemüse und Getreide betrieben. „Die klimatischen Verhältnisse haben sich gegenüber früher verändert. Wir haben es häufiger mit Extremwetterlagen zu tun. Das Frühjahr ist in den letzten Jahren früh sehr warm gewesen und dann hatten wir viel Nässe im Sommer und Herbst", so der Landwirt. Heute sind Gewächshäuser dazu gekommen, und es werden Tomaten, Paprika und viele andere Gemüse nach den strengen Regeln des Demeter-Landbaus angebaut und über Abo-Kisten oder im Hofladen vertrieben. Die Tiere werden in der nur eine halbe Stunde entfernten Schlachterei geschlachtet und verarbeitet. Die angebotenen Mischpakete enthalten Edelteile, aber nicht nur. „Die Menschen müssen akzeptieren, dass ein Tier aus verschiedenen Teilen besteht, die nicht gut oder schlecht sind, sondern alle eine besondere Qualität für eine besondere Zubereitung haben. Die muss erlernt werden", so Elke Kehl, die sich als Lehrerin auch für mehr Ernährungswissen in der Schule einsetzt. Den Haupterwerb bringt der Hof allerdings über den Wochenmarkt in Emden ein.

Dreimal in der Woche steht die Familie Kehl mit ihren Demeter-Produkten auf dem Markt. Lange Zeit waren sie die einzigen Anbieter für Bio-Produkte. Neuerdings gibt es noch einen weiteren Bio-Stand. Das schmälert die Einnahmen, denn die Kundschaft ist in der Arbeiterstadt Emden nicht unbedingt gewachsen. Der Kunde ist hier aber, was die Reinheit der Produkte angeht, auf der sicheren Seite. „Gerne würde ich mehr im Bildungsbereich mit Kindern machen, Hofpraktika, arbeiten auf dem Bauernhof, gesunde Ernährung und so etwas, mal sehn`", der Landwirt hat noch Ideen und die eigenen Kinder sind noch nicht so weit, sich für die Zukunft festzulegen.

Sauerkrautauflauf

1 kg	Kartoffeln
6	Tomaten
2	große Zwiebeln
2 EL	Butter
200 g	Sauerkraut
Sauce	
250 ml	Sahne
½ TL	Kräutersalz
½ TL	Paprika
	Pfeffer, Petersilie

Kartoffeln waschen, dünn schälen, in Scheiben schneiden. Tomaten ebenfalls in Scheiben schneiden. Zwiebeln würfeln und in Butter dünsten.

Alle Zutaten mit dem Sauerkraut abwechselnd in die gebutterte Auflaufform schichten. Mit Kartoffeln abschließen.

Aus den o.g. Zutaten eine Sauce zubereiten und darüber gießen. Zum Schluss Butterflocken aufsetzen. Im vorgeheizten Backofen bei 200° etwa 25 Minuten backen. Rezept: Krüderee

DAS WATTENMEER

Das UNESCO-Biosphärenreservat Niedersächsisches Wattenmeer

Weltweit einzigartig repräsentiert das Niedersächsische Wattenmeer eine Naturlandschaft in der Dynamik der Gezeiten und eine lebendige Kulturlandschaft hinter den Deichen. Als UNESCO- Biosphärenreservat soll diese bewahrt und entwickelt werden – für Mensch und Natur und für eine lebenswerte Zukunft in der Wattenmeerregion.

Über Jahrtausende haben die Gezeiten eine Landschaft mit vielfältigen Lebensräumen geschaffen: Sand- und Schlickwatten, Priele, Dünen und Salzwiesen sind Brut-, Rast- und Nahrungsraum tausender Vögel, Kinderstube vieler Nordseefische und Heimat von Seehund und Kegelrobbe. Aber auch der Mensch hat die Wattenmeerküste über Jahrhunderte geprägt. Seine Siedlungsgeschichte zeigt viele Züge der Anpassung an die Natur dieses Landes: Angefangen vom Wohnen auf Wurten über den Beginn des Deichbaus schützen heute kilometerlange Deiche und ein ausgeklügeltes Entwässerungssystem das niedrig gelegene Marschenland vor Überflutungen. Weite Bereiche bilden die größten zusammenhängenden Grünlandareale Deutschlands und sind bedeutsame Brutgebiete für den Kiebitz und viele andere in ihren Arten gefährdete Wiesenvögel. Hier sind auch die schwarz-bunten Kühe zuhause; Milchviehwirtschaft, Viehzucht und extensive Weidemast bildeten vielfach die Grundlage der heimischen Landwirtschaft.

Die Einrichtung des UNESCO-Biosphärenreservates verfolgt das Ziel, diese einzigartigen Lebensräume zu erhalten und gleichzeitig ihrer wirtschaftlichen

Entwicklung Rechnung zu tragen. Wir können dazu beitragen, indem wir den Produkten dieser Landschaften, die naturverträglich produziert werden, den Vorrang geben und diese fair honorieren.

Landschaft schmecken und schützen

Die Partner des Nationalparks und UNESCO-Biosphärenreservates Niedersächsisches Wattenmeer haben sich auf den Weg begeben: Ob Milch, Rind- und Lammfleisch aus den Grünlandgebieten, Getreide, Kartoffeln und Gemüse von den jungen ackerfähigen Marschenböden, Sanddorn von den ostfriesischen Inseln oder Nordseegarnele, Scholle und Hering aus nachhaltiger Fischerei – sie engagieren sich für hochwertige heimische Produkte und gestalten ihr Angebot regional, authentisch und nachhaltig. Sie laden Sie ein – entdecken, schmecken und schützen Sie eine einzigartige Natur- und Kulturlandschaft am Wattenmeer.*

An der Nordseeküste bilden sich vielfältige Lebensräume, die sich immer wieder verändern

DIE INSELN

„Ich lebe hier etwas unterm Stand“

„Ich lebe hier etwas unterm Stand“* schrieb Fontane seinerzeit an seine Frau Emilie über die ostfriesische Insel Norderney – dass diese Zeiten lange vorbei sind, davon zeugen nicht nur die kulinarischen Angebote auf den sieben ostfriesischen Inseln.

Die Ostfriesischen Inseln sind geformt durch Wind, Meer und Schwemmsand, und sie sind immer in Bewegung durch den von Westen nach Osten fließenden Tidestrom und die überwiegend nordwestlichen Winde. Langsam aber stetig wandern die Inseln von Westen nach Osten. Die oft unwirtliche Witterung, die Sturmfluten und der weitgehend unfruchtbare Boden führten dazu, dass selbst hartgesottene Siedler die Inseln immer wieder verließen, denn das Leben dort war ungeheuer hart. Ursprünglich lebten die Insulaner vom Fisch- und Walfang, denn der nährstoffarme Boden nährte die Bewohner nicht. Erst der Tourismus brachte Wohlstand und Sicherheit, wobei sich die touristische Entwicklung auf den jeweiligen Inseln sehr unterschiedlich entwickelte und für die Insulaner oft eine Konfrontation mit Lebensstilen bedeutete, denen sie kopfschüttelnd, manchmal auch verwirrt und befremdlich gegenüberstanden.

Norderney, als Beispiel, entwickelte sich recht schnell zum mondänen Badeort für die städtischen Oberschichten des 19. Jahrhunderts, währenddessen die Langeooger noch die Möweneier für das maritime Frühstück lieferten. Auf Norderney traf sich, was Rang und Namen hatte – der hannoversche Landadel ebenso wie Fürsten und Fürstinnen. Lange Zeit war hier der Sitz der Hannoverischen Könige. Das luxuriöse Badeleben begann das Leben der Insulaner von Grund auf zu verändern – sie lebten fortan in einer gewissen Diskrepanz zu den Gästen – „wir und die“, aber mit Respekt. Diese Haltung lebt bis heute fort, denn man braucht sie schließlich, die Gäste, Internes bleibt aber auch intern.

Zu dieser luxuriösen Welt gehörten die Ostfriesen nun eigentlich nicht. Eine ironische, aber treffende Beschreibung dieser Diskrepanz liefert Heinrich Heine, der 1825 und 1826 einige Wochen auf der Insel zubrachte. Im zweiten Band seiner Reisebilder* ist zu lesen, dass der Insulaner, wie überhaupt der Friese, sich „daheim am wohlsten fühlt“, also sehr heimatverbunden ist. Er vermerkt aber auch, dass die Männer auf der Insel als Matrosen auf fremden Kauffahrteischiffen fahren und oft jahrelang von zu Hause fort sind. „Dennoch scheint das Seefahren für diese Menschen einen großen Reiz zu haben“.*

Die Inseln bestehen ausschließlich aus Sand und Ton. Das Wasser nagt am weichen Sand – so sind die Inseln immer Veränderungen unterworfen

Diese Beschreibung der Ostfriesen ist treffend, wobei sie heute eher die Bodenständigkeit als das Hinausfahren auf die Weltmeere bevorzugen. Dazu haben nicht nur die touristischen Entwicklungen auf den Inseln beigetragen, sondern auch die neu geschaffenen Arbeitsplätze auf dem Festland in der Auto- und Energieindustrie. „In Hus is`t am besten" ist Ausdruck für die große Heimatverbundenheit der Bewohner mit ihrem im Alltag noch sehr präsenten Platt-Deutsch. Heines Bewunderung für das Bodenständige und Widerständige der Ostfriesen kommt gerade angesichts des von den Insulanern oft als lasterhaft empfundenen Badelebens zum Ausdruck. „Ein Volk, das flach und nüchtern ist wie der Boden seines Landes, das aber dennoch ein Talent besitzt, das den Menschen adelt und über jene windigen Dienstseelen erhebet, die allein edel zu sein wähnen, ich meine das Talent der Freiheit"*, – ein schönes Kompliment an die Ostfriesen!

Über die Handels-Seefahrt kamen die Insulaner zu einigem Wohlstand, den Durchbruch zu einem gesicherten Lebensstandard brachte allerdings erst der Tourismus. Bis heute sind die Besucherzahlen auf den Inseln stetig gestiegen. Im Unterschied zu den Festland-Ostfriesen muss heute hier keiner mehr sein Geld in der Ferne verdienen, im Gegenteil. Dringend werden jedes Jahr Fachleute in der Gastronomie und dem Hotelgewerbe gesucht. Die Besucherzahlen übersteigen nicht selten das 6 – 7 fache der Einwohnerzahl. Das bedeutet nicht nur eine logistische, sondern auch eine enorme ökologische Herausforderung. Der gesamte tägliche Bedarf muss vom Festland herbeigeschafft werden, Abfälle wiederum aufs Festland zurück. Gerade angesichts der klimatischen Veränderungen sind die Insulaner besonders engagiert, was die Bewältigung der Herausforderungen des Klimawandels angeht – denn „Land unter" ist die größte Bedrohung.

So ist auch dem mondänen Badeleben vergangener Zeiten eine andere Einstellung gewichen – Gesundheit, Bewegung und das Bemühen um ökologische Rahmenbedingungen prägen heute die Inseln. Dazu hat nicht zuletzt auch die Anerkennung des Niedersächsischen Wattenmeeres als Weltnaturerbe beigetragen. Waren in früheren Jahren ökologische Fragen noch Sache von „Nischenbewohnern", bemühen sich heute die Anbieter und die Gemeindeverwalter auf den Inseln um eine gute Partnerschaft mit den Zielen zum Erhalt dieses einzigartigen Naturerbes – denn die Vermarktung dieses Pfundes könnte auch die Sensibilität für das Überleben der Inseln steigern.

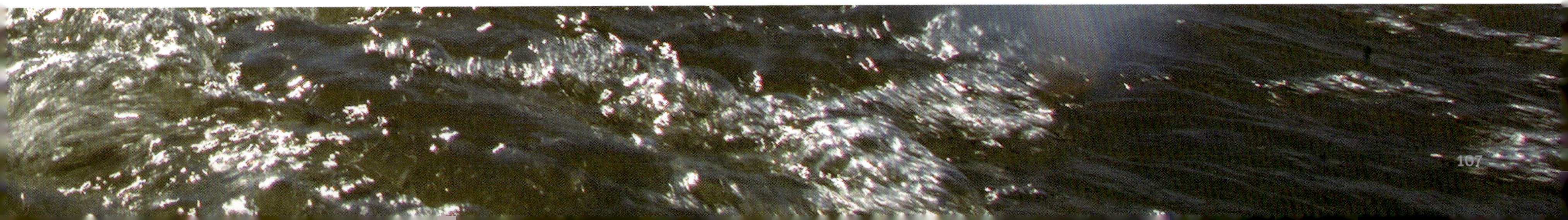

SPIEKEROOG

Die leise Grüne unter den Ostfriesischen Inseln

Langeoog und Spiekeroog verbindet eine gemeinsame Geschichte. Bei der Weihnachtsflut von 1717 wurden die Häuser auf Langeoog vollständig zerstört und die Bewohner flüchteten aufs Festland oder nach Spiekeroog. Nicht lange danach wurden ungewöhnlich viele Eheschließungen zwischen den „Zugezogenen" und den Inselbewohnern registriert. Alles, was noch nicht „unter der Haube" war, tat sich zusammen. So haben viele angestammte Spiekerooger Langeooger Wurzeln – so jedenfalls erzählt es der Leiter des Spiekerooger Inselmuseums.

Den Namen „Die Grüne" verdient die autofreie Insel in vielerlei Hinsicht. Es gibt neben einem langen Sandstrand und einem 400 Hektar großen Dünenareal auch einige Wäldchen und einen schönen Baumbestand im Ortskern, der durch die alten Friesenhäuser einen dörflichen Charakter bewahrt hat. Mittendrin thront die alte Inselkirche aus dem Jahr 1696. So wie der Inselkern eine dörflich heile Welt vermittelt, so engagiert widmen sich die Insulaner den Herausforderungen unserer Zeit. So unterstreichen einige ökologische Projekte den „grünen" Charakter der Insel. Neben dem Bestreben einer energetischen Autonomie durch Projekte aus dem Nordwesten treffen sich seit 2009 jährlich im November rund dreißig Menschen aus Wissenschaft und Praxis aus dem deutschsprachigen Raum, um gesellschaftliche Strategien gegen den Klimawandel zu diskutieren – die Spiekerooger Klimagespräche.

Die Insel mit einer Fläche von 18 Quadratkilometern erlebte seit 2002 eine Renaissance – ob nun als neue Blüte oder als unerwünschter Boom – hier gehen die Meinungen auseinander. Jedenfalls erreichte die Insel durch die Investitionen eines auswärtigen Inselliebhabers einen hohen Bekanntheitsgrad – kulturelle Events, Restaurants, Hotels, Ferienwohnungen, Geschäfte auf hohem Niveau und die kaufkräftigen Gäste in der Folge dazu. Die Abgeschiedenheit und Ruhe schien nach Ansicht der Kritiker dieses Engagements erst einmal vorbei zu sein. Der Boom, der der Insel einige gelungene Bauten und qualitativ gute Unterkünfte verschafft hatte, ist vorbei. Die Ambivalenz zwischen Innovation und Tradition jedoch weiterhin spürbar.

Grün, traditionsbewusst, dörflich – das ist weiterhin das Motto der Insel. Ruhe und Natur haben Vorrang,

Schon 1983 wurde eine Baumschutzverordnung und 1984 eine Satzung zum „Erhalt baulicher Anlagen“ beschlossen

was offenbar auch einiger strenger Regeln bedarf, ob es nun die Badeordnung betrifft, die Ruhezeiten im Baurecht oder auch das Radfahrverbot - bei Verstößen droht manchmal Ärger – nun denn, bei nahezu 3 500 Betten bei 800 Einwohnern und den vielen Tagesgästen im Sommer mag so manche Regel ihren Sinn haben. Eine Innovation, wenn auch eine ruhige, doch mit durchaus aberwitzigen Geschwindigkeiten gibt es neuerdings auf Spiekeroog – kiten lernen im Kitersclub, und glücklicherweise gibt es keine Disco, keinen Golfplatz, aber das „Laramie“, die Kneipe am hintersten Ortsende, die den Rummel der letzten Jahre überlebt hat, und in der man bei aller Idylle immer noch absacken kann. Und dann gibt es ja noch Feinkost Schröder...

DAS CAPITÄNSHAUS

Von Schaluppen und armen Fiskersmännern

Spiekeroog

Der Name des Restaurants „Capitänshaus“ geht auf den Kapitän Oltmann Janssen Kleihauer zurück, dessen Wohnhaus das heutige Restaurant war. Er ließ, wie andere Spiekerooger Kapitäne auch, um die 1880er Jahre auf den nahegelegenen Werften in Oldersum oder Dornumersiel Schaluppen aus dem Erlös für ihre Frachtensegler bauen, um im Küstenbereich Frachten zu fahren oder Schellfisch zu fangen. Hintergrund war das Aufkommen der Dampfschifffahrt, durch die Waren schneller als mit den Seglern transportiert werden konnten. „De Dampers hebbt uns verdreven,“ * so das resignierte Resümee der ehemals weit gereisten Seemänner, die sich nun „Wattfischer“ nannten. Dabei stand ihnen nicht das Rüstzeug der modernen Fischerei zur Verfügung, denn der Schellfisch wurde geangelt und die Spiekerooger Frauen mussten stundenlang im Watt Hunderte von Wattwürmern als Köder ausgraben. Dann zog sich der Schellfisch allmählich in kältere Gewässer zurück. Sinkende Fangergebnisse und Konkurrenz durch Fischdampfer zwangen die Kapitäne zum Verkauf ihrer Schaluppen. Die Not zwang die Insulaner, jedes verfügbare Zimmer an Feriengäste zu vermieten, Dünengärten anzulegen und Kleinvieh für den Eigenbedarf zu halten. Schon um die Jahrhundertwende endete die kurze Phase der Fischerei auf Spiekeroog und der Wohlstand aus der Handelsschifffahrt war schon Geschichte. Hatten die weitgereisten Seeleute noch über die „Messburen un Nickkoppers“ vom Festland gespottet, so hieß es nun, „Is nix armer an 'n Fiskersmann.“*

„Die See kocht“

Von diesem Elend ist heute im „Capitänshaus“ wahrlich nichts mehr zu spüren. Eine schöne Umgebung, eine feine Küche und kreative Köche kümmern sich um die Gäste. „Ich wollte immer schon Koch werden. Als ich Jugendlicher war, kamen die neuen Kochshows auf, nicht mehr dieses Betuliche von Clemens Wilmenrod. Das waren junge, kreative und lustige Leute, die richtig Spaß am Kochen rüberbrachten“, so Ralf van Borshum, der Inhaber des Restaurants und Mit-Gesellschafter der „Neue Zeiten GmbH“. Seit 18 Jahren ist der gebürtige Emder nun auf Spiekeroog und findet trotz harter Arbeit immer wieder Zeit fürs Kitesurfen am Strand. „ Wir wollen uns ja nicht auspowern,

Ralf van Borshum

Zeit für die Insel muss schon sein". Gelernt hat van Borshum beim Sternekoch Norbert Schu in Hannover, welcher wiederum ein Schüler Witzigmanns war; dann gab es eine lange Zeit bei Michael Wollenberg in Hamburg, aber auch mal eine Stippvisite in Gran Canaria. „Als Koch muss man einfach auch mal rauskommen und über den Tellerrand schauen. Im Rückblick war für mich meine Ausbildungszeit bei Norbert Schu besonders beeindruckend. Das war einfach genial, wie wir in den besten Produkten geschwelgt haben. Da habe ich begriffen, wie gute Produkte aussehen, wie sie riechen, schmecken und was mit was harmoniert. Wir haben dort viele interessante und neue Kreationen ausprobieren können", schwärmt der überzeugte Koch. Das probieren die Köche im Capitänshaus heute immer noch aus. So kreiert van Borshum mit seinem Team alle paar Wochen die Extra-Karte „Unsere kreative Küche". Natürlich gibt es auch die zeitlose Karte, überwiegend Fisch, edel zubereitet und in einem guten Preis-Leistungsverhältnis, aber die kreative Karte bringt eben auch Spaß in die Küche. „Unsere Gäste sind oft überrascht, wie interessant die Karte ist, das hätten sie hier auf der Insel nicht erwartet. Ich bekomme jeden Tag frische Produkte vom Festland und bin sicher, dass sich Qualität letztendlich durchsetzt. Die frischen Produkte werden unterstützt durch die Kräuter aus unserem Inselgarten, den wir hier angelegt haben, Inselfrüchte und -blüten werden in der Küche mit verarbeitet oder dienen der Dekoration, denn das Auge isst ja bekanntlich mit", so van Borshum.

Der Erfolg gibt ihm Recht, denn das Haus ist in der 10 Monate dauernden Saison durchgehend sehr gut besucht. Anfang des neuen Jahres ist das Restaurant dann allerdings für einige Zeit geschlossen, dann geht es mit der Familie in den verdienten Urlaub. „Dahin, wo Wasser oder Schnee ist, wo es gute Restaurants und guten Wein gibt", sagt der begeisterte Kitesurfer und Genießer.

Das Menü des Capitänshauses auf Spiekeroog:

Hausgebeizte Meeräsche mit Kräuterrahmkartoffeln

Süppchen von heimischer Rote Bete mit Ziegenquarknocken

Küstenkabeljau auf der Haut gebraten mit jungem Spitzkohl und Zitronenpüree

Warmer Schokoladenkuchen mit Quittenkompott

Hausgebeizte Meeräsche mit Kräuterrahmkartoffeln

400 g	Meeräsche geschuppt
200 g	Dill
100 g	Petersilie
50 g	Salz
10 g	Zucker
5	Wacholderbeeren
3 g	Koriandersamen
5 g	schwarzer Pfeffer
300 ml	gutes Olivenöl

Kräuterrahmkartoffeln

4	mittlere Kartoffeln, festkochend (z.B. Belana, etwa 200 g)
200 ml	Sahne
	Salz
	frisch gemahlener Pfeffer
Handvoll	fein gehackte Petersilie und Dill gemischt

Meeräsche in ein Gefäß geben. Dill und Petersilie fein hacken, mit Salz und Zucker mischen; Wacholderbeeren, Koriandersamen und schwarzen Pfeffer im Mörser zerstoßen und zusammen mit der Kräutermischung über den Fisch geben. Darüber das Olivenöl gießen und 72 Stunden ruhen lassen (beizen). Nach der Hälfte der Zeit den Fisch mit den Zutaten einmal wenden.

Zum Anrichten den Fisch schräg in dünne Scheiben schneiden.

Gekochte Kartoffeln in Würfel schneiden. Die Sahne köcheln lassen, bis sie auf die Hälfte reduziert ist. Salz, Pfeffer und die Kräuter dazu geben, Kartoffeln in der Kräutersahne erwärmen.

Süppchen von heimischer rote Bete mit Ziegenquarknocken

500 g	rote Bete
1 L	Gemüsefond
2	Zwiebeln
1	Knoblauchzehe
1	Chilischote
20 g	Ingwer
100 ml	Weißwein
50 ml	Orangensaft
30 ml	Olivenöl
	Salz, Pfeffer, etwas Honig und Limettensaft zum Abschmecken
150 ml	Sahne
100 g	eiskalte Butter zum Montieren (mit dem Schneebesen die heiße, fertig gegarte Suppe aufschlagen und dabei die Butter einrühren. Die Suppe wird dadurch leicht cremig und luftig)
200 g	Ziegenquark für die Nocken

Geschälte und klein geschnittene Rote Bete mit Zwiebeln, Knoblauch und Chili in Olivenöl anschwitzen, mit Wein und Orangensaft ablöschen. Brühe und Sahne auffüllen und den Sud leise köcheln lassen, bis die rote Bete gar ist. Mit einem Stabmixer pürieren, mit Salz, Pfeffer, Honig und Limettensaft abschmecken, zum Schluss die kalte Butter untermontieren. Mit zwei Teelöffeln kleine Nocken vom Ziegenquark formen und in die Suppenteller geben. Die heiße Suppe darüber gießen.

Kabeljau mit jungem Spitzkohl und Zitronenpüree

180 g	Kabeljaufilet (mit Haut) pro Person
	etwas Öl zum Anbraten
600 g	Spitzkohl
50 g	Butter
	Salz, Zucker, Pfeffer
500 g	Kartoffeln
100 ml	Sahne
100 g	Butter
	Abrieb einer Bio-Zitronenschale
	Muskat, Salz, Pfeffer, Zitronensaft zum Abschmecken

Den Spitzkohl fein schneiden, in Butter glasig garen, mit Zucker, Salz und Pfeffer abschmecken. Die Kartoffeln kochen, ausdämpfen lassen und mit Sahne und Butter zu einem feinen Püree verarbeiten, mit Zitronenabrieb, Salz, Muskatnuss und Zitronensaft abschmecken.

Die Kabeljaustücke mit Salz und Pfeffer würzen, auf der Hautseite in etwas Öl kross braten, wenden und langsam gar ziehen lassen. Auf dem Püree anrichten.

Warmer Schokoladenkuchen mit Quittenkompott

50 g	dunkle Kuvertüre
50 g	Butter
3	Eier
20 g	Zucker
1 Schuss	Baileys
30 g	gemahlene Mandeln

Kuvertüre mit Butter schmelzen. Eier trennen, das Eigelb mit Zucker und Baileys im Wasserbad aufschlagen. Die gemahlenen Mandeln und die Schoko-Buttermischung unter die Ei-Masse ziehen. Das Eiweiß steif schlagen und zum Schluss unterheben.

Eine kleine Kastenform mit Butter ausstreichen, die Masse einfüllen und bei 160 ° Umluft ca. 20 Minuten backen. Warm stürzen, in Portionen teilen, mit Puderzucker bestäuben und auf dem Quittenkompott anrichten.

Quittenkompott

500 g	geschälte Quitten
100 g	Zucker
50 g	Butter
1	Zimtstange
	Saft einer halben Zitrone
200 ml	Apfelsaft

Alle Zutaten langsam köcheln lassen, bis die Quitten weich sind. Grobe Stücke weich stampfen, abkühlen lassen.

LANGEOOG

Die Sportliche auf Fair-Trade Kurs

Die autofreie Insel mit ihrem langen, buhnenfreien Strand lädt zu langen Spaziergängen ein. Die Insel ist etwa 12 Kilometer lang und 3,5 Kilometer breit. Die Ortschaft Langeoog liegt, wie fast alle Orte auf den Inseln, am Westrand. Vom Hafen bringt eine kleine Eisenbahn die Gäste und Bewohner durch die Salzwiesen ins Zentrum. Neben dem Kurhaus und dem Hallenwellenbad bieten sich zahlreiche sportliche Aktivitäten an wie Tennis, Reiten, Kite-Surfen, zahlreiche Bewegungskurse in der Halle oder am Strand. Die knapp 2 000 Inselbewohner leben überwiegend vom Tourismus, der seit dem Ausbau eines tideunabhängigen Hafens das ganze Jahr über floriert. In nur 30-minütiger Überfahrt von Bensersiel aus erreicht man die Insel, ganz Eilige fliegen mit dem „Inselhopper“ der ostfrieslandeigenen Fluggesellschaft.

Lange Zeit galt Langeoog als die sportlichste aller ostfriesischen Inseln, so zumindest das Motto. Heute ist ein weiterer Aspekt hinzugekommen. Als Teil des Weltnaturerbes, „Nationalpark Wattenmeer“, hat die Insel ihre Hausaufgaben gemacht - „Fair-Trade-Insel“ ist sie im April 2012 geworden. Das heißt, dass sich das Engagement der Bürger in Richtung „fairer Handel“ stetig gesteigert hat und die fünf Kriterien für diese Auszeichnung erfüllt sind.* In vielen Restaurants, Cafes, Einzelhandelsgeschäften und öffentlichen Einrichtungen werden Produkte aus fairem Handel angeboten und oder ausgeschenkt. Viele Hoteliers sind Nationalparkpartner geworden, was heißt, dass sie die Bedingungen zum Schutz dieses einzigartigen Ökosystems einhalten und respektieren. Zehn zertifizierte Nationalparkführer sind inzwischen auf der Insel tätig, um auch den Gästen die Schönheiten und Empfindlichkeiten dieses weltweit einmaligen Naturgebietes näher zu bringen. Ein gesteigertes Bewusstsein und Handeln in Richtung Nachhaltigkeit ist für alle Inselbewohner eine Überlebensstrategie. Der Anstieg des Meeresspiegels könnte nicht absehbare Folgen für die Ostfriesischen Inseln bedeuten. Der Erhalt dieser einmaligen Landschaft mit den endlosen Stränden, der Ruhe und dem Rauschen der Brandung ist einiges an Engagement wert.

Die Insel misst 20 Quadratkilometer, der Sandstrand ist alleine 14 Km lang – daher auch der Name: Lange – oog (Insel)

Sahnemayonnaise mit Matjes und Schwarzbrot

500 ml	saure Sahne
1 EL	Zitronensaft
	Salz, Pfeffer
1 Bund	Petersilie
1 TL	Kapern
250 ml	Sahne
1	großer Apfel
4	Matjes

Zitronensaft unter die saure Sahne rühren, mit Salz und Pfeffer würzen, Sahne steif schlagen und unterheben. Petersilie und Kapern unterrühren. Hauchdünne Apfelschnitze auf das Schwarzbrot legen, darauf ein Matjes. Zusammen mit der Sahnemayonnaise servieren. Wer mag, gibt noch Zwiebelringe dazu. Rezept: Veronika Nölle

RESTAURANT SEEKRUG

Ein atemberaubendes Nordsee-Panorama

Langeoog

Michael Recktenwald, Koch des Familienbetriebes Recktenwald & Söhne, führt mit seinem Bruder den Betrieb, den die Eltern vor vielen Jahren auf Langeoog aufgebaut haben. Michael ist für die Küche zuständig, der Bruder führt die Insel-Bäckerei und -Konditorei. Maike, Michaels Frau, leitet das angeschlossene Hotel Strandeck, und Steffi, die Frau des Bruders, ist die Restaurantleiterin. Ein echter Familienbetrieb mit Fachleuten.

Das „Restaurant-Cafe Seekrug" reiht sich wunderbar in die Linie der Insel ein: „sportlich und nachhaltig" - weil dem Koch Michael Recktenwald Nachhaltigkeit und damit Regionalität in seiner Küche besonders am Herzen liegt und weil er als Kitesurfer auch die sportliche Seite der Insel repräsentiert. Dass Michael Recktenwald auch noch ein begnadeter Koch mit Ambitionen ist, macht ihn besonders sympathisch. „Original – regional – wertvoll" ist das Motto des familiengeführten Restaurants „Seekrug"– und meint damit, Produkte möglichst aus der näheren Umgebung zu verwenden und, wenn vorhanden, in Bio-Qualität. „Ich kenne die kleinen Produzenten vom Festland und habe absolutes Vertrauen in deren handwerkliche Fähigkeiten. Was die liefern, schmeckt einfach gut. Die Gäste wissen zunehmend gute Qualität aus nachvollziehbarer Quelle zu schätzen, da geht unser Regional-Konzept auf", so der Koch.

Die Produzenten vor Ort bzw. auf dem Festland zu kennen, Vertrauen in die gelieferte Qualität zu setzen, darauf kommt es ihm an. Diese Lieferanten sind eher seine Seekrug-Partner als anonyme Großanbieter. Dabei ist es dem Koch ein Herzensanliegen, den Anteil der Bioprodukte stetig zu steigern und die Saisonalität der Produkte zu beachten.

Die Eltern, inzwischen über 80 Jahre alt, sind beide noch im Betrieb aktiv. „Ich bin genauso aufgewachsen, wie heute mein Sohn und meine Neffen und Nichten. Die Eltern waren immer im Betrieb und mein Bruder und ich liefen hier so mit. Die Eltern hatten vielleicht nicht immer Zeit, sich um uns zu kümmern, aber da waren noch die vielen Mitarbeiter – wir waren jedenfalls aufgehoben, und für mich und meinen Bruder gab es gar keine Zweifel, in die Fußstapfen unserer Eltern zu treten. Das war

Michael Recktenwald

immer unser Leben", so der Küchenchef. 1988/89 hatten die Eltern die Möglichkeit, das Restaurant um eine Etage aufzustocken und nicht nur mehr Plätze für die Gäste zu schaffen, sondern auch den einzigartigen Panoramablick – eine Investition, die schon langfristig angelegt sein musste und auf die Mitarbeit der beiden Söhne angewiesen war. Michael Recktenwald hatte bis dahin einige Erfahrungen in guten Küchen der Schweiz und Österreich gesammelt – natürlich immer auch dort, wo gute Küche mit Sport vereinbar war.

Die Söhne versprachen, sesshaft zu werden, und so ging es mit dem Seekrug kontinuierlich aufwärts. Die Besinnung auf regionale Produkte – kurze Wege und hohe Qualität – hatte der Koch schon als Ziel im Kopf, doch dann entwickelten sich die Lieferbeziehungen eher zufällig und spontan. „Ich hatte mich mit meinem Gourmethändler überworfen und musste relativ schnell neue Lieferanten bekommen. Das war auch die Zeit, als in vielen Restaurantküchen die Kombidämpfer Einzug hielten mit der Abhängigkeit, dieses und jenes Fett, Paniermehl, Zusatzstoffe etc. zu nehmen. Wir haben ja auch eine Bäckerei und Konditorei. Da lief der Prozess der Fertigproduktion mit entsprechenden Apparaten und der Abhängigkeit von Zusatzprodukten und -stoffen schon viel früher. Das ist ein Kampf zwischen David und Goliath. Um überleben zu können, musst du immer billiger produzieren – den Kampf können wir kleinen Betriebe nur verlieren. Dazu hatten mein Bruder und ich keine Lust. Dieser einheitliche Geschmacksbrei der Großküchen ist einfach nicht unser Stil. Ich habe mich dann auf dem Festland bei den Erzeugern umgehört, wer auf die Inseln liefern kann und habe dann kontinuierlich den Anteil der regionalen Produkte in der Küche gesteigert. Natürlich mussten wir schälen und Vorratswirtschaft halten, das ist schon aufwändiger als Fertigprodukte zu verwenden, aber wir hatten einfach ein gutes Gefühl dabei und ich konnte meinem Anspruch als Koch gerecht werden", so der Küchenchef. Mit der Beweidung der Salzwiesen durch die robusten Insel-Highlander, die ganzjährig draußen leben, war auch der Fleischbedarf der Küche gesichert. Gut abgehangen kommen sie aus einer Wiesmoorer Schlachterei zur Weiterverarbeitung wieder auf die Insel. Ganze Tiere werden in der Küche verarbeitet, ebenso das gesamte Inselwild. Raffinierte Gerichte entstehen so neben den klassisch zubereiteten „Edelteilen". Auch die Inselfrüchte werden zu Marmeladen, Likören oder fruchtigem Secco verarbeitet. „Unser Internetshop boomt derzeit und zum Sammeln der Inselfrüchte haben wir in diesem Jahr jemanden einstellen müssen", schwärmt der Koch.

Zwischen 15 und 18 regionale Lieferanten hat der Seekrug heute und nennt sie stolz auf der Speisekarte. Auch beim Fisch macht Michael Recktenwald keine Kompromisse – keine Exoten, keine Riesengarnelen, Viktoriabarsch oder Pangasius kommen auf den Tisch. Ehrlichkeit schafft Vertrauen – das ist die Devise. Die ausgezeichnete Küche ist ein Beispiel für die Vielfalt regionaler Produkte und die Möglichkeit, regionale Wirtschaftskreisläufe in hohem Maße zu schließen.

Jeden Mittwoch gibt es im Seekrug ein regionales Büfett. Hier kann sich der Gast von der Qualität der regionalen Anbieter direkt überzeugen.

Das Restaurant ist natürlich Partner des Nationalparks Wattenmeer, Mitglied bei Foodwatch und Slow-Food und selbstverständlich bei den Regionalnetzwerken ONNO und OSTFRIESLAND-KULINARISCH! Dazu ist Michael Recktenwald auch noch erster Sherry-Botschafter Deutschlands.

Von einem ganz besonderen Geschmack können Sie sich beim folgenden Menü überzeugen:

Krabbensalat mit Sherry-Mayonnaise

Sauerampfersuppe

Rehkeulenbraten mit Holunderblütensauce

Rosenblütenparfait mit kandierten Rosenblättern

Krabbensalat mit Sherry-Mayonnaise

150 g	Krabben
1	mittelgroßer säuerlicher Apfel
150 g	Salatgurke
1	Ei
10 ml	alter Sherry
10 ml	Nussöl
30 ml	Rapsöl
	Sherryessig, Salz, Zucker, Zitrone

Apfel schälen, entkernen und in feine Würfel schneiden, mit dem Sherryessig mischen, die Salatgurke schälen, entkernen und in Würfel schneiden. Alles zusammen mit den Krabben zu den Äpfeln geben und vermischen, einige Minuten ziehen lassen, bei Bedarf mit etwas Salz und Zucker abschmecken.

In der Zwischenzeit die Mayonnaise herstellen: Ei trennen, das Eigelb in eine Schüssel geben. Mit etwas Salz, einer Prise Zucker, einem Spritzer Zitrone und dem Sherry verquirlen. Unter ständigem Rühren das Nussöl und das Rapsöl langsam zugeben. Krabben auf einem Salatblatt dekorativ anrichten, die Mayonnaise darübergebreitet oder darum verteilen.

Sauerampfersuppe

50 g	Butter
30 g	Schalotten
50 g	Mehl
600 ml	Gemüsebrühe
200 ml	Sahne
100 ml	trockener Weißwein
1 Handvoll	Sauerampferblätter
	Salz, Zucker, Zitrone, Muskatnuss

Butter in einem Topf schmelzen, Schalotten gehackt darin andünsten, Mehl zugeben und bei geringer Hitze leicht mit anschwitzen. Gemüsebrühe auffüllen, unter ständigem Rühren aufkochen, etwa 5 Minuten leise köcheln lassen, Sahne dazugeben. Sauerampfer mit dem Weißwein mit einem Pürierstab mixen. Kurz vor dem Anrichten das Sauerampfermus zur Suppe geben, mit Salz, Zucker, Muskatnuss und Zitronensaft abschmecken.

Rehkeulenbraten mit Holunderblütensauce, glasierten Wurzeln und Kleikartöffelchen mit Mandeln

1 kleine	Rehkeule ausgelöst und gebunden (beim Fleischer vorbestellen).Alternativ ein Bratenstuck von der Rehkeule oder vom Damwild ca. 900 g
Je etwa 40 g	Karotte, Porree, Sellerie und eine Zwiebel für die Soße
200 ml	trockener Rotwein
200 ml	Wildfond
1 Handvoll	Holunderblüten von den Stielen gezupft
100 ml	Sahne

glasierte Wurzeln

400 g	junge Karotten
30 g	Schalotten
30 g	Butter
20 g	Rapsöl
500 g	kleine Kartoffeln vom Kleiboden (pflaumengroß)
30 g	Mandelblätter
50 g	helles Paniermehl
1	Ei
	Salz, Pfeffer, Zucker, Lorbeerblatt, Wacholder, Nelke

Einen Bräter erhitzen, etwas Öl hineingeben und das Fleisch bei mittlerer Hitze rundherum anbraten. Fleisch herausnehmen. Karotten und Sellerie im Bräter anbraten. Wenn das Gemüse hellbraun ist, die Zwiebel und den Porree zugeben und kurz mit braten, mit 100 ml Rotwein ablöschen. Den Rotwein einkochen, bis das Gemüse wieder anfängt zu rösten, restlichen Rotwein und die Hälfte vom Wildfond dazugeben. Das Fleisch salzen und pfeffern und wieder in den Bräter geben. 1 Lorbeerblatt, 2 zerdrückte Wacholderbeeren und 2 Nelken zugeben. Im Backofen bei 120 °C (Umluft 110°) für 2 Stunden offen braten, Fleisch gelegentlich wenden.

Holunderblütensauce

In der Zwischenzeit Sahne aufkochen, Holunderblüten hineingeben und zugedeckt etwa 15 Min ziehen lassen, danach durchsieben.

Kleikartöffelchen mit Mandeln

Am Vortag die kleinen Kartoffeln in der Schale kochen, pellen und kalt stellen.

Mehl in eine Schüssel geben und die kleinen Kartoffeln darin wenden, danach das Ei in einer Schüssel aufschlagen, verquirlen und die mehlierten Kartoffeln in das Ei geben, Mandeln etwas zerbröseln und mit dem Paniermehl mischen, die Kartoffeln darin panieren. Kartoffeln in einer Pfanne mit Öl hellbraun braten.

Glasierte Wurzeln

Karotten schälen, in Scheiben schneiden. Butter in einem Topf schmelzen und die Karotten hineingeben, salzen und zuckern und halb bedeckt bei mittlerer Hitze garen, der Zucker soll dabei hellbraun karamellisieren.

Fleisch aus dem Bräter nehmen und warm stellen, Bratenfond passieren, Holundersahne zugeben, nach Bedarf auch noch etwas Wildfond, mit Salz abschmecken.

Anrichten

Kartoffeln und Karotten auf Teller geben, Fleisch in Scheiben schneiden, etwas Soße drapieren, restliche Soße extra reichen.

Rosenblüten-Parfait mit kandierten Rosenblättern

1 Handvoll	Heckenrosenblüten (Rosa rugosa)
2	Eier
300 g	Sahne
80 g	Zucker
	Puderzucker

15 besonders schöne Blütenblätter aussuchen, 1 Ei trennen, das Eiweiß leicht aufschlagen, Rosenblüten durch das Eiweiß ziehen und in Puderzucker wälzen. Blütenblätter nebeneinander auf Backpapier legen und im Ofen bei 70 °C (keine Umluft) etwa 60-90 Min trocknen.

Restliche Blütenblätter klein hacken, restliches Eigelb, 1 Ei, Zucker und die gehackten Blüten in einer Schüssel über einem heißen Wasserbad cremig aufschlagen. Die Schüssel in ein Eiswasserbad stellen und kalt rühren. Sahne steif schlagen. Wenn die Ei-Masse kalt und zähflüssig ist, die Sahne unterheben. In einer vorgekühlten Form einfrieren und mindestens 12 Stunden durchfrieren lassen.

Anrichten

Kandierte Blütenblätter auf einem Teller verteilen, Parfait in Scheiben schneiden und mittig auf dem Teller anrichten.

Nordsee-Miesmuschelrisotto

2 kg	frische Nordsee - Miesmuscheln
½	Zwiebel
2	Knoblauchzehen
1	kl. Möhre
1 g	Safran gemahlen (ist günstiger und reicht hierbei)
1	kl. Stück. Sellerie
2	Thymianzweige
	Olivenöl, Salz , frisch gemahlener Pfeffer
1	Lorbeerblatt

100 g	Blattpetersilie
400 ml	trockener Weißwein
400 ml	Fischfond
1 Schuss	Pernod
50 g	Butter
3	Schalotten
1	Thymianzweig
1	Knoblauchzehe
300 g	Arborio Superfino Risottoreis

Die Muscheln gründlich waschen und den Bart entfernen. Offene Muscheln wegwerfen. Zwiebel und Knoblauch schälen. Gemüse waschen und ungeschält in walnussgroße Stücke schneiden. In etwas Olivenöl zusammen mit dem Thymian und den Petersilienstielen leicht andünsten. Muscheln hinzugeben und mit dem Weißwein und dem Fischfond ablöschen. Safran, Salz und Pfeffer hinzu geben. Zugedeckt ca. 6 - 8 Minuten garen. Topf öfters schütteln. Muscheln in ein Sieb gießen, die Brühe auffangen. 3/4 der Muscheln auspuhlen und warm stellen.

Die Hälfte der klein geschnittenen Schalotten, Knoblauch und Thymian in etwas Butter farblos andünsten. Den Risottoreis dazu geben und etwas glasig werden lassen. Bei mittlerer Hitze den aufgefangenen Muschelfond angießen, aber nur so viel, wie der Reis die Flüssigkeit aufnimmt. Der Reis braucht ca. 30 - 40 Minuten bei mittlerer Hitze und ständigem Rühren. Mit Pfeffer, wenig Salz und einem Schuss Pernod abschmecken. Nebenbei die andere Hälfte der Schalotten ebenfalls in etwas Butter andünsten, die ausgepuhlten Muscheln hinzu geben, kräftig anbraten und zum Schluss die gehackte Petersilie unterheben. Muscheln vorsichtig zum Risotto geben und die restlichen, nicht ausgepuhlten Muscheln als Deko oben drauf legen. Rezept: Fährhaus Nessmersiel

DIE ONNO-OSTFRIESLANDMAHLE

Aus regionalen Produkten lecker gekocht

Für das Ostfrieslandmahl kochen jeweils Köche aus Gastronomiebetrieben einer kleinräumigen ostfriesischen Umgebung – oft sind es Gastronomieunternehmen, für die die Einhaltung hoher regionaler und saisonaler Qualitätsstandards Alltag ist, oder es sind Gastronomen, die sich über das Ostfrieslandmahl erstmalig mit der Vielfalt der regionalen Produkte auseinandersetzen und erste Lieferbeziehungen zu ortsnahen Produzenten knüpfen. Neben der nachhaltigen Zielsetzung, d.h. kurze Wege, Frische, Saisonalität, hohe Qualitätsstandards bei den Produkten mit dem Ziel, bäuerliche Familienbetriebe und die gewachsene Kulturlandschaft in der Region zu stärken, verknüpft der Verein ONNO immer auch ernährungskulturelle Aspekte mit den Mahlen. So fanden sie zum Beispiel statt im Steinhaus in Bunderhee und thematisierten die Ernährung im Mittelalter im Poldergebiet; sie informierten mit einem Menü rund um den Apfel über die Vielfalt alter ostfriesischer Obstsorten in einer Streuobstwiese oder hatten die ostfriesische Fischwirtschaft am Strand von Neuharlingersiel im Visier. Mittlerweile gab es weit über 35 thematisch orientierte Ostfrieslandmahle in der Region mit dem Erfolg, dass sich die Produzenten und Gastronomen im ONNO-Netzwerk näher gekommen sind. Einige von ihnen sind mittlerweile enge Lieferbeziehungen eingegangen – was dem Geschmack wie auch der regionalen Landwirtschaft sehr förderlich ist.

Aber noch einen ganz wichtigen anderen Zweck beabsichtigt das Netzwerk ONNO e.V. mit seinen Ostfrieslandmahlen: ein gemeinsames Mahl, das viele unterschiedliche Menschen zusammenbringt. Nicht selten treffen sich dort Nachbarn und Bekannte, die lange nichts mehr voneinander gehört haben, andere sehen sich zum ersten Mal und haben viel zu erzählen. Die Atmosphäre der Ostfrieslandmahle zeigt: essen und trinken bringt die Menschen einander näher – eben eine soziale und kommunikative Angelegenheit!

Mit den unterschiedlichen Orten und Themen will ONNO erreichen, Menschen an die Qualität nachhaltig erzeugter Produkte heranzuführen. Häufig sind die Erzeuger der verwendeten Produkte bei den Mahlen selber dabei und erzählen von den Besonderheiten der Bodenbeschaffenheit und den darauf wachsenden Kulturpflanzen oder der besonderen Aufzucht und Haltung der Tiere – warum eben diese Sorten und

Christine Wölke (r.)

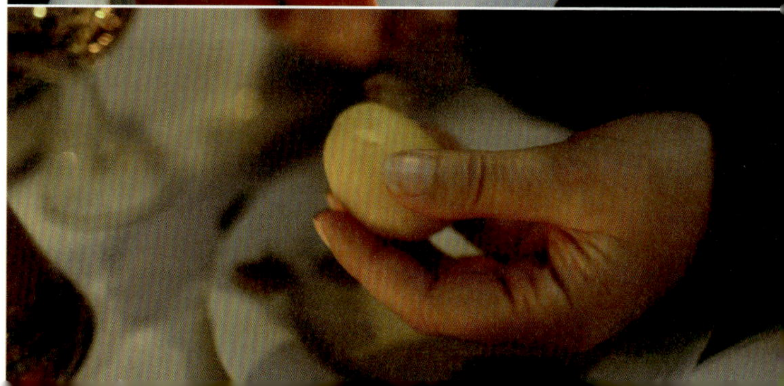

Rassen verwendet werden und andere hier nicht besonders gedeihen: eine rundum informative, kommunikative und gesellige Sache. Es ist etwas ganz Besonderes. Christine Wölke vom Cateringunternehmen und Veranstaltungshaus Alter Brunsel in Burlage nennt es das Gänsehaut-Essen. „Es ist eine Herausforderung und eine Ehre“, sagt die Gastronomin. Und sie meint das Ostfrieslandmahl. Im Steinhaus Bunderhee hat sie mit ihrem Team an diesem Abend 84 Gäste bewirtet. An einem historischen Ort ein nicht alltägliches Essen.

Christine Wölke hat lange über die Karte gegrübelt. Hat überlegt, verworfen und ausprobiert - so ist das Menü entstanden. Bei einem Probeessen wurde getestet und für gut befunden. Schließlich wurden Entscheidungen getroffen. Es gibt Ziegenfleisch, alte Gemüsesorten, gutes Brot. „Für manche Lebensmittel hatte ich gar keine Rezepte“, verrät Christine Wölke. In Büchern und im Internet ist sie dann fündig geworden. Das Finale des Ostfrieslandmahls hat Wölke das größte Kopfzerbrechen bereitet. „Über den Nachtisch habe ich am längsten gegrübelt“, sagt sie. Am Ende entschied sie sich für Schwarzbier-Gelee.

Alle wichtigen Produkte aus der Region zu bekommen, wie es das Konzept der Ostfrieslandmahle vorsieht, ist nach den Erfahrungen der Gastronomin gar nicht so einfach. Große Probleme hatte sie zum Beispiel, Ziegenfleisch in ausreichender Menge zu erhalten. „Es ist schwierig, regional einzukaufen, es fehlt noch an guten Lieferbedingungen und gegenseitigen Informationen über das jeweilige Angebot“, so Wölke. Damit sich regionale Produkte flächendeckend in der Gastronomie durchsetzen können, müssten sich die Produzenten enger zusammenschließen. „Der Einkauf von Lebensmitteln muss für Gastronomen reibungslos sein.“ Und natürlich ist regionales Kochen auch immer noch eine Preisfrage. „Es ist schwierig, das im Alltag durchzusetzen. Die Leute haben den Geldbeutel nicht“, sagt Wölke. Und nicht nur der Einkauf ist bei regionalen Produkten eine Herausforderung. „Die Produkte sind manchmal aufwändiger zu verarbeiten. Feldsalat und Möhren sind zum Beispiel häufig sehr sandig und zeitintensiver in der Vorbereitung.“

Neben manchen Nachteilen gibt es aus Christine Wölkes Sicht aber auch ganz entscheidende Vorteile bei regionaler Küche: „Die Produkte sind geschmacklich einfach besser, die Qualität ist hervorragend und sie sind länger haltbar.“ Das wissen auch die Gäste, die sich an diesem Abend im Steinhaus Bunderhee das Essen schmecken lassen. Es ist eben etwas ganz besonderes.*

Schwarzbrot mit verschiedenen Gemüsedips von den Landleckereien

Pastinaken-Apfelsuppe mit Thymian

Polder - Zicklein mit Couscous oder orientalische Gemüsepfanne

Winterliche Blattsalate

Götterspeise von ostfriesischem Landbier mit Vanillesauce

Grenzlandkäse mit Grünkohlpesto (Landleckereien)

Pastinaken-Apfel-Suppe mit Thymian - ein Herbst/Winterrezept

1	kleine gehackte Zwiebel
600 g	Pastinakenwurzeln
40 g	Butter
	Salz und Pfeffer aus der Mühle
800 ml	Gemüsebrühe oder noch besser selbstgekochter Gemüsefond
100 ml	Sahne
	Muskat
250 g	Äpfel
60 g	Pumpernickeltaler (ca. 4 Stück) oder -brot
½ TL	Thymianblättchen frisch oder getrocknet

Zwiebel abziehen, fein würfeln. Pastinaken waschen, schälen und würfeln. Zwiebel in der Hälfte der Butter glasig dünsten,

Pastinakenwürfel zufügen und ein paar Minuten mitdünsten, würzen. Dann mit Brühe angießen, aufkochen und zugedeckt ca. 15 Minuten köcheln lassen. Die Suppe pürieren, Sahne unterrühren und abschmecken.

Äpfel schälen, entkernen und würfeln; das Brot zerbröseln und in der restlichen Butter anrösten. Die Apfelwürfel und den Thymian dazugeben, kurz mitbraten.

Beim Anrichten die Einlage zuerst in die Suppentasse geben, dann die Suppe einfüllen; Garnitur mit geschlagener Sahne und Thymian.

Polder- Zicklein

1 kg	Zickleinfleisch (junges Ziegenlamm)
1 TL	Salz
1-2 EL	edelsüßer Paprika
2	Zwiebeln
4	Knoblauchzehen
6 EL	Olivenöl
1	Lorbeerblatt
2	getrocknete Chilischoten
125 ml	trockener Rotwein (Rioja)
2 EL	Creme fraiche
1 EL	Sherryessig
2	getrocknete Steinpilze
1 EL	Honig
	Sojasauce
1 Prise	Cayennepfeffer
30 g	geröstete Erdnüsse

Das Fleisch des Zickleins in mehrere Stücke zerkleinern und diese Stücke mehrmals einschneiden. Mit Salz und Paprika einreiben und 15 Minuten kühl stellen. Die Zwiebeln kleinschneiden und die Knoblauchzehen pressen. Das Öl erhitzen und die Fleischstücke von allen Seiten braun anbraten und aus der Pfanne nehmen. Die Zwiebeln und den Knoblauch im Öl goldgelb braten und das Fleisch, das zerriebene Lorbeerblatt und die Chilischoten zufügen. Den Rotwein, die Creme fraiche und den Sherryessig zugießen, die Pilze zugeben und alles zugedeckt bei milder Hitze ca. 45 bis 60 Minuten schmoren je nach Dicke des Fleisches . Das Fleisch aus der Sauce nehmen und warm stellen. Die Schmorflüssigkeit durchseihen, Sauce entfetten, mit dem Honig verrühren und bei starker Hitze einkochen, bis sie cremig wird. Mit Cayennepfeffer und Sojasauce abschmecken. Fleisch zurückstellen und mit Erdnüssen bestreuen. Direkt servieren.

Vegetarisch: Orientalische Gemüsepfanne

1 kg	festkochende Klei-Kartoffeln (z.B. Linda)
1 kg	Saison-Gemüse geputzt (mindestens 4 Sorten à 250 g wählen)
2 bis 3 EL	Sonnenblumen- oder Olivenöl
1 Messerspitze	Kreuzkümmel
1 Messerspitze	Koriander gemahlen
1 Messerspitze	Curcuma
1 Prise	Chilipulver
1 TL	Salz
1 Messerspitze	Pfeffer
2 EL	Sesamkörner
1 EL	Zitronensaft (Saft einer Zitrone)

Die Kartoffeln mit Wasser halb bedeckt zum Kochen bringen, auf kleiner Stufe/Flamme gar kochen (20 bis 25 Minuten je nach Dicke der Kartoffel),

Wasser, sofern noch vorhanden, abgießen. Nachdem sie etwas abgekühlt sind, die Kartoffeln pellen und in ½ cm dicke Scheiben schneiden.

Das geputzte Gemüse in 2 EL Öl anbraten, ca. 10 Minuten bissfest garen (evtl. dazu etwas Flüssigkeit angießen) und mit den Gewürzen abschmecken, die geschnittenen Kartoffeln hinzufügen und vorsichtig miteinander vermengen. Nochmals abschmecken, mit gehackten Kräutern wie glatter oder krauser Petersilie und gerösteten Sesamkörnern bestreuen.

Blattsalate mit Traubenkernöl-Dressing

200 g	verschiedene Blattsalat-Sorten der Jahreszeit (z.B. Feldsalat, Friseesalat, Eichblattsalat, Postelein usw)
125 ml	Balsamico-Essig, weiß
	Wasser zum Verdünnen (soviel, dass das Dressing nicht zu sauer schmeckt)
125 ml	Traubenkernöl kaltgepresst
	Senf, Honig, Meer- oder Steinsalz, Pfeffer, eine Prise Kräutersalz
1	kleine feingehackte Zwiebel
	Geröstete Kerne wie Sonnenblumen oder Pinien zur Dekoration
	weitere Variationen: mit Früchten wie z.B. dünnen Apfelscheiben ergänzen

Die Blattsalate gut waschen, abtropfen und trocken schleudern. Essig mit Gewürzen und Wasser mit dem Schneebesen gut verrühren (die Marinade darf nicht sauer schmecken, sondern sollte angenehm zu trinken sein), Öl unterrühren und abschmecken. Es darf ruhig etwas schärfer gewürzt sein, da die Salatblätter einiges an Gewürzkraft wegnehmen.

Den Salat kurz vor dem Essen mit der Marinade vorsichtig mischen. Die gerösteten Kerne nach Belieben darüber streuen.

Landbier-Götterspeise mit Vanillesoße

	dunkles Landbier (Ostfriesen Bräu)
	Zucker
6 Blatt	Gelatine oder Agar Agar

Götterspeise

Von der Biermenge 5 EL abnehmen, das restliche Bier in einer Schüssel mit dem Zucker kalt verrühren. Gelatine in den abgenommenen 5 EL Bier einweichen, etwa 10 Min. quellen lassen. Gelatine ausdrücken und dann tropfnass vorsichtig in einem kleinen Kochtopf erhitzen, nicht kochen lassen! 2 EL vom Biergemisch abnehmen und vorsichtig unter die flüssige Gelatine mischen, es findet dabei ein sogenannter Temperaturausgleich statt (Gelatine zieht sonst Fäden). Diese Mischung sofort unter das Biergemisch rühren. Noch flüssige Masse in Portionsgläsern abfüllen oder in einer Schüssel kalt werden lassen. Die Speise kann auch gestürzt serviert werden.

Vanillesoße

Siehe Fährhaus Nessmersiel.

Grenzlandkäse (Bauernkäse) mit Grünkohlpesto von den Landleckereien

OSTFRIESLAND KULINARISCH

Die Vielfalt ostfriesischer Produkte in hoher Qualität zubereitet

Angefangen hat es mal 2004 im Garten des Klosters Ihlow. Jürgen Garrels, heute Vorsitzender des DEHOGA-Bezirks Ostfriesland, war selbst als Koch dabei, als über 200 Gäste eines Ostfrieslandmahls von ONNO mit einem mehrgängigen Menü guter regionaler Qualität versorgt werden wollten.

Damals entstand die Idee, dass sich ostfriesische Gastronomen, die von der Idee von ONNO überzeugt sind und ganz besondere Ansprüche an die Qualität und Originalität ihrer Küche stellen, zu einem eigenständigen Netzwerk zusammenschließen, um Erfahrungen auszutauschen, noch besser zu werden und damit das Qualitätspotenzial ostfriesischer Küche öffentlich bekannter zu machen: OSTFRIESLAND KULINARISCH.

Nach unverbindlicheren Anfängen hat sich dieser Kreis inzwischen feste Regeln gegeben. Dem eigenen Selbstverständnis nach handelt es sich um Betriebe mit inhabergeführten Küchen. Für die Gäste ist die Zugehörigkeit gut identifizierbar: am Eingang macht die Plakette mit dem Logo von OSTFRIESLAND KULINARISCH gleich klar, um was für einen Betrieb es sich handelt. Auf der Speisekarte finden sich unter demselben Logo regelmäßig Gerichte, deren Erzeugnisse überwiegend aus nachvollziehbarer ostfriesischer Herstellung stammen und die sich jahreszeitengerecht an der Saisonalität der verwendeten Produkte orientieren.

Auf den Speisekarten zu findende Informationen über die Lieferanten dieser Produkte und deren Beschaffenheit garantieren in transparenter Weise für Frische und Qualität. Fleischerzeugnisse stammen grundsätzlich aus artgerechter Tierhaltung, das heißt konkret: kein Fleisch aus Massentierhaltung findet Verwendung, die Tiere haben regelmäßigen Weidegang, es wird auf schonende kurze Transporte geachtet, auf vorbeugende Antibiotika und Hormone wird verzichtet. Einschließlich der Futtermittel werden in der Küche der Gastronomen von OSTFRIESLAND KULINARISCH keine gentechnisch veränderten Produkte eingesetzt. Und für die Fleischgerichte wird darauf geachtet, dass die Tiere nicht zu jung getötet werden und möglichst alle Teile zur Verwendung kommen.

Unter dem Motto „Vier Köche, ein Herd“ zelebrieren die Gastronomen von OSTFRIESLAND KULINARISCH in Abständen auch gemeinsam öffentlich ihre hohe Kochkunst. Denn sich für ein gemeinsames Menü zusammenzutun, bereitet nicht nur den Gästen Freude, sondern macht ihnen selber am meisten Spaß. Welche vielfältigen Spezialitäten die Küche einer Region bereithält, wenn sich die hiesigen Meister des guten Geschmacks an die Arbeit machen – das zu erkunden lohnt sich auf alle Fälle.

Drei Köche, ein Herd – ein Viergänge-Menü in der Alten Scheune mit Sascha Fähmel, Ayelt Peters vom Ostfriesischen Fehnhof und Michael Recktenwald vom Seekrug Langeoog:

Gebratenes Seeteufelfilet im Kräutermantel auf Fenchel-Safran-Salat mit rosa Pfeffer und Schaum von roter Paprika (Alte Scheune)

Kürbis-Ingwer-Süppchen mit Krabben (Ostfriesischer Fehnhof)

Brust von ostfriesischer Freilandgans auf Apfelrotkohl an vanillisierter Kartoffelbirne mit Orangenjus (Alte Scheune)

Holunder-Buttereis mit Apfelkompott (Seekrug Langeoog)

Kürbis-Ingwer-Süppchen mit Krabben

600 g	Kürbis
50 g	Ingwer
	etwas Butter
600 ml	Gemüsebrühe
50 ml	Balsamicoessig (weiß)
300 ml	Sahne
	Salz, Pfeffer, Chili
	Evtl. etwas Kartoffelstärke

Kürbis und Ingwer putzen, in kleine Würfel schneiden und in Butter anschwitzen. Die Gemüsebrühe angießen, den Essig dazu gießen und alles aufkochen. Sahne dazu geben, noch einmal aufkochen lassen und dann mit dem Pürierstab pürieren. Mit den Gewürzen und etwas Essig abschmecken. Nach Belieben mit etwas Kartoffelstärke binden. Als Einlage je einen gehäuften Esslöffel Krabben in tiefe, angewärmte Teller geben und mit der heißen Suppe aufgießen.

Gebratenes Seeteufelfilet im Kräutermantel auf Fenchel-Safran-Salat mit rosa Pfeffer und Schaum von roter Paprika

400 g	Seeteufel
2 EL	Olivenöl
½ Bund	Blattpetersilie
½ Bund	Dill
½ Bund	Estragon

Fenchel-Safran-Salat

3 kg	Weizenmehl
2 EL	Pernod
1 EL	Weißwein
2 EL	Olivenöl
1	Zwiebel
1 g	Safranfäden
1 TL	Kurkuma
1 EL	rosa Pfeffer

Paprikaschaum

1 EL	Rapsöl
1 EL	Olivenöl
2	rote Paprika
1	Knoblauchzehe
200 ml	Sahne
	Salz, Pfeffer, Zucker

Seeteufel von Haut und Fett befreien, in vier Stücke teilen, mit Salz und Pfeffer würzen und in einer Pfanne mit 2 EL Olivenöl rundherum nussbraun anbraten. Die Kräuter (Petersilie, Dill und Estragon) von den Stängeln befreien, grob hacken und mischen. Die gehackten Kräuter auf eine Schale legen. Wenn der Seeteufel den gewünschten Gar-Punkt erreicht hat, wird er in der Kräutermischung gewälzt.

Fenchel-Safran-Salat

Den Fenchel halbieren, vom Strunk befreien, in feine Streifen schneiden und in kochendem Salzwasser kurz blanchieren. Anschließend das Gemüse in Eiswasser kurz abschrecken, dadurch behält es Farbe, Geschmack und Struktur. Den abgeschreckten Fenchel in ein Sieb geben und gründlich abtropfen lassen. Die Zwiebel schälen, halbieren und in feine Streifen schneiden. Den Fenchel mit dem Pernod, 2 Esslöffel Olivenöl, Safran, den geschnittenen Zwiebeln und dem Kurkuma marinieren. Mit Salz, Pfeffer und Zucker abschmecken.

Paprikaschaum

Die zwei Paprika mit dem Rapsöl besteichen und bei 200 Grad in den Ofen schieben. Wenn die Paprika nach 10 bis 15 Minuten dunkle bis schwarze Stellen bekommt, aus dem Ofen nehmen und etwas abkühlen lassen. Nun lässt sich die Paprika schälen. Von Strunk und Kernen befreien und grob zerkleinern. Die Knoblauchzehe schälen und fein hacken. Den Knoblauch und die vorbereitete Paprika mit Olivenöl anschwitzen und mit Weißwein ablöschen. Sahne aufgießen, mit Salz, Pfeffer, Zucker abschmecken und pürieren. Anschließend die Paprikasauce durch ein Haarsieb passieren.

Anrichten

Den Fenchelsalat in die Mitte des Tellers legen, mit Seeteufel belegen, die aufgeschäumte Paprikasauce angießen und mit rosa Pfeffer ausgarnieren.

Brust von ostfriesischer Freilandgans auf Apfelrotkohl mit vanillisierter Kartoffelbirne an Orangenjus

4	Gänsebrüste am Knochen
	Paprikapulver edelsüß

Sauce

3 EL	Rapsöl
1 kg	Geflügelknochen
1	Möhre
½	Knollensellerie
2	Gemüsezwiebeln
½ Stange	Lauch
1 EL	Tomatenmark
500 ml	Rotwein
2	Lorbeerblätter
7	Nelken
5	Wacholderbeeren
8	schwarze Pfefferkörner
2 EL	Honig
1	Orange unbehandelt
2 EL	Speisestärke

Rotkohl

1,2 kg	frischer Rotkohl
½	Apfel
2 EL	Schweinemalz
100 ml	Essig
120 g	Zucker
1	Zwiebel
1	Nelken
1	Lorbeerblatt

Kartoffelbirne

3,2 kg	mehlig kochende Kartoffeln
2	Eier
2 Stangen	Frühlingslauch
2	Vanilleschoten
2 EL	Speisestärke
3 EL	Mehl
3 EL	Paniermehl
	Salz, Pfeffer, Muskatnuss

Sauce

Das Rapsöl in einem Bräter erhitzen und die Geflügelknochen schön dunkel anrösten. Das Gemüse (Möhre, Sellerie, Zwiebel und Lauch) nicht schälen, sondern nur waschen, und in Walnussgröße schneiden. Das geschnittenen Gemüse (außer Lauch) zu den Geflügelknochen geben und etwas mit anrösten. Das Tomatenmark hinzu geben und ebenfalls leicht mit rösten. Alles mit Rotwein ablöschen und etwas reduzieren (einkochen) lassen. Mit 2 L Wasser aufgießen und aufkochen lassen. Die Schaumkrone entfernen. Nach dem Abschäumen der Sauce die Gewürze (Nelken, Wacholderbeeren, Lorbeerblätter, Pfefferkörner) und den Lauch hinzugeben. Alles einkochen lassen. Wenn nach einiger Zeit zu wenig Flüssigkeit im Topf ist, wird mit Wasser aufgefüllt. Je öfter man diesen Vorgang wiederholt, umso kräftiger wird die Sauce.

Nach mindestens 5 Stunden kann die Sauce durch ein Haarsieb passiert werden. In die passierte Sauce noch Honig, die fein geriebene Schale und den Saft einer Orange geben. Mit in wenig Wasser aufgelöster Speisestärke abbinden, mit Salz, Pfeffer und Zucker abschmecken.

Gänsebrust

Die Gänsebrüste am Knochen werden mit Salz, Pfeffer und Paprikapulver kräftig gewürzt und kommen bei 130 Grad für 1,5 Stunden in den Ofen. Aus dem Ofen nehmen und leicht abkühlen lassen. Nun lassen sich die Brüste ganz leicht vom Brustknochen lösen. Die Knochenreste können mit in die noch nicht passierte Sauce gegebenen werden.

Rotkohl

Den Rotkohl halbieren, vom Strunk befreien und in feine Streifen schneiden. Die Zwiebel schälen, halbieren und ebenfalls in feine Streifen schneiden. Den Apfel schälen, vom Kerngehäuse befreien und klein schneiden. Das Schweineschmalz in einen hohen Topf geben und schmelzen lassen. Rotkohl, Zwiebel und Apfel hinzugeben, bei mittlerer Hitze und geschlossenem Deckel 10 Minuten garen lassen. Dann Nelken, das Lorbeerblatt, den Essig und den Zucker hinzugeben. Bei geschlossenem Deckel 1,5 Stunden bei mittlerer Hitze weiter garen lassen. Gegebenenfalls umrühren. Mit Salz und Pfeffer abschmecken.

Kartoffelbirne

Kartoffeln schälen und gar kochen, abgießen und abdämpfen lassen. Die Kartoffeln müssen trocken sein. Die noch heißen Kartoffeln grob durchstampfen und zwei Eier unterheben. Mit der Speisestärke wird die Kartoffelmasse abgebunden. Den Frühlingslauch fein schneiden und zu den Kartoffeln geben. Die Vanilleschoten der Länge nach halbieren und mit dem Messerrücken ausschaben. Das ausgekratzte Vanillemark unter die Kartoffelmasse geben und die Schoten in 1 cm lange Stifte schneiden. Mit Salz, Pfeffer und etwas Muskatnuss abschmecken. Die fertige Kartoffelmasse wird nun in eine etwa 80 Gramm schwere Birnenform gebracht und wie ein Schnitzel paniert. (Mehl, Eier, Paniermehl). Die in Birnenform gebrachte Kartoffelmasse in einer Friteuse oder einem Topf mit Öl goldgelb ausgebacken. Mit den Vanillestiften als Stängel garnieren.

Bevor angerichtet wird, muss die ausgelöste Gänsebrust noch für 10 Minuten bei vorgewärmten Ofen und 180 Grad kross gebraten werden.

Holunder-Butter-Eis mit Apfelkompott

Holundereis

360 ml	Holundersaft
50 ml	Zitronensaft
35 ml	Holunderlikör (alternativ anderer Schnaps)
270 ml	Eigelb
225 g	Zucker
90 g	Butter

Alle Zutaten bis auf das Eigelb aufkochen, Topf vom Herd nehmen, Eigelb mit einem Schneebesen sehr zügig in die Eismasse einrühren, Masse auskühlen lassen und in der Eismaschine gefrieren.

Apfelkompott

4	säuerliche Äpfel
50 g	Rohrzucker
1 Stange	Zimt
200 ml	Apfelsaft

Äpfel schälen, entkernen und klein schneiden. Zucker im Topf leicht karamellisieren lassen. Dann die weiteren Zutaten dazugeben und etwa 12 Minuten köcheln lassen, bis die Äpfel weich sind. Kalt mit dem Eis servieren.

ALLE REZEPTE AUF EINEN BLICK

Und hier die Kleinigkeiten:

WEINEMPFEHLUNG

Wein Wolff, Leer - Jan Wolff, Sommelier und Destillateur

Capitänshaus, Spiekeroog

1 **Hausgebeizte Meeräsche mit Kräuterrahmkartoffeln**

2 **Süppchen von heimischer Rote Bete mit Ziegenquarknocken**

3 **Küstenkabeljau auf der Haut gebraten mit jungem Spitzkohl und Zitronenpüree**

4 **Warmer Schokoladenkuchen mit Quittenkompott**

1 Hierzu würde gut ein mittelschwerer Weißwein passen, z.B. ein **Chablis** aus dem Hause **Albert Bichot**. 2 Durch die Süße der roten Bete darf es hier ein nicht ganz trockener Weißwein sein, z.B. ein **Blanc de Noir**, Qba feinherb vom **Weingut Dohlmühle**, Rheinhessen. 3 Einen eleganten Weißburgunder aus dem Badischen würde ich hier gerne trinken, z.B. den **Burkheimer Feuerberg** Weißburgunder vom **Weingut Bercher**. 4 Der Begleiter hier muss Süße und eine schöne Frucht mitbringen. Ich würde Ihnen hierzu eine **Beerenauslese** empfehlen, z.B. vom **Weingut Dohlmühle**.

Fährhaus, Nessmersiel

1 **Spargelmousse**

2 **Bouillabaisse**

3 **Tafelspitz vom Neßmergroder Salzwiesenkalb**

4 **Armer Ritter vom ostfriesischem Rosinenstuten**

1 Hier passt ein eleganter Silvaner, z.B., **Casteller Hohnart Silvaner Kabinett** trocken vom **Weingut Castell Castell**. 2 Ein eleganter Sauvignon Blanc, z.B., ein Sancerre Blanc der **Domaine Bailly Reverdy**, würde hier ideal begleiten. 3 Es müsste schon ein kräftiger Weißwein sein, z.B. der **Chardonnay Löwengang** vom **Weingut Alois Lageder** aus dem Südtirol. 4 **Muscat de Rivesalt** würde hier durch die Frucht und Süße schön das Menü abschließen.

Hotel zur Post, Wiesmoor

1 **Rote Bete Carpaccio mit Trüffelöl und Schafkäse**

2 **Karotten-Ingwersuppe mit frischen Nordseekrabben**

3 **Weißer Heilbutt mit Wirsing, roten Linsen und Klei-Kartoffeln**

4 **Quarknocken auf ostfriesischer Bohntjesopp**

1 Feinfruchtig und Bukett betont sollte die Weinbegleitung hier sein. Schön wäre ein **Gelber Muskateller** vom **Weingut Triebaumer** vom Neusiedlersee. 2 Hier wäre der passende Begleiter wohl ein Riesling von der Mosel, der auch noch etwas Süße mitbringen dürfte. **Maximin Grünhaus**, Mosel Riesling, Qba feinherb. Auch eine feinfruchtige **Rieslingauslese** von **Schloss Vollrads** aus dem Rheingau würde gut passen. 3 Ein klassischer **Weißburgunder** trocken, z.B. vom **Weingut Marcus Schneider** aus der Pfalz, würde hier passen. Man kann aber auch gut beim Riesling von Schloss Vollrads bleiben. 4 Auch hier begleitet die fein fruchtige **Riesling Auslese** vom **Weingut Schloß Vollrads** diesen Gang gut.

Seekrug, Langeoog

1 **Krabbensalat mit Sherry-Mayonnaise**

2 **Sauerampfersuppe**

3 **Rehkeulenbraten mit Holunderblütensauce**

4 **Rosenblütenparfait mit kandierten Rosenblättern**

1 Hierzu würde ich einen Sherry Amontillado empfehlen, z.B. **Los Arcos von Lustau**. Das wird dem Koch gefallen. 2 Ein leichter trocker Silvaner könnte hier harmonieren, z.B. **Silvaner Qba vom Juliusspital** aus Würzburg. 3 Ein mittelkräftiger Spätburgunder (**Heger, Baden**) oder einen **Blaufränkischen** aus Österreich (**Triebaumer, Rust Blaufränkisch**) sollten Sie anbieten. 4 Den Duft der Rosen würde man schön in einem **Gewürztraminer** wiederfinden (**Gisselbrecht, Elsass, Gewürztraminer Reserve**).

Alte Scheune, Jheringsfehn

1 **Gratinierter Ziegenkäse auf pikantem Feigen Chutney**

2 **Apfel-Sellerie-Süppchen**

3 **Filet vom ostfriesischem Jungbullen auf Kartoffelkuchen und grünem Spargel an pikanter Buttersauce**

4 **Halbflüssiger Schokoladenkuchen**

1 Hierzu würde ich eine fruchtige Scheurebe genießen wollen (**Weingut Juliusspital, Würzburg Scheurebe Qba**). 2 Ein fruchtiger und nicht zu schwerer Weißburgunder aus Baden würde hier passen (**Weingut Bercher, Burkheim Weißburgunder, Qba trocken**). 3 Ein eleganter aber kräftiger Weißwein, z.B. ein **Chardonnay** aus dem Hause Franze Keller, Baden, passt sehr gut. 4 Hierzu passt ein nicht zu schwerer Portwein, z.B. der **Tawny Port** aus dem **Hause Graham's**.

Reichshof, Norden

1 **Hausgemachte Pastete vom heimischen Rehwild mit Quitten-Ingwer-Kompott**

2 **Steckrübensuppe mit Wildklößchen und Kernöl**

3 **Rosa gebratene Nüsschen vom Lütetsburger Damhirsch an Kirsch-Pfeffersauce, Rosenkohlblättern und Mohn-Schupfnudeln**

4 **Pochierte Rotweinbirne mit Mandelzabaione und Nougatparfait**

1 Ein fruchtiger Bukett Wein mit feiner Süße (**Gelber Muskateller feinherb vom Weingut Lergenmüller, Pfalz**) macht sich hier hervorragend. 2 Ein floraler Weißwein mit moderatem Alkohol wäre meine Wahl (**Riesling Kabinett trocken Weingut Robert Weil, Rheingau**). 3 Ein kräftiger aber eleganter Spätburgunder ist perfekt, z.B. **Spätburgunder Krafuß** vom **Weingut Lageder**, Südtirol. 4 Süßer, aufgespritteter Dessertwein rundet die Süße ab, z.B. **Muscat de Rivesaltes** von **Domaine Lafage** aus dem Languedoc, Frankreich.

Alte Brauerei, Pilsum

1 **Flädderbeerensuppe mit Grießklöschen**

2 **Matelote vom Kabeljaufilet**

3 **Steak vom Salzwiesen Anguskalb, Steckrüben-Möhren-Kartoffelmousse und glasierte Schalotten**

4 **Sanddorn Ziegenmilcheis mit Borsumer Apfel-Zwetschgenkompott**

1 Ein fruchtiger **Sauvignon Blanc**, z.B. von **Oliver Zeter** aus der Pfalz würde hier optimal passen. 2 Ein kraftvoller Grauburgunder sollte es sein, der gerne auch im Holzfass lag (**Weingut Bercher, Burkheimer, Feuerberg Grauburgunder Großes Gewächs**). 3 Ein mittelschwerer Rotwein mit viel Frucht und weichen Gerbstoffen (**Weingut Marcus Schneider, Pfalz Cuvee Ursprung**). 4 Ein fruchtbetonter weißer Portwein würde hier harmonieren (**Quinta Do Portal „White“**).

Ostfrieslandmahle

1 **Schwarzbrot mit verschiedenen Gemüsedips**

2 **Pastinaken-Apfelsuppe mit Thymian**

3 **Polder - Zicklein mit Couscous oder orientalische Gemüsepfanne**

4 **Winterliche Blattsalate**

5 **Götterspeise von ostfriesischem Landbier mit Vanillesauce**

6 **Grenzlandkäse mit Grünkohlpesto**

1 Universell einsetzbar wäre hier ein Grauburgunder aus dem Badischen (**Grauburgunder Eichstetter Herrenbuck Kabinett trocken, Weingut Kiefer, Baden**). 2 Fruchtbetonter Weißwein wäre angebracht, z.B. ein **Riesling Qba** vom **Weingut von Winning**, Pfalz. 3 Ich würde Ihnen einen leichten Bukett Rotwein mit feiner Süße empfehlen. **Muskattrollinger Qba** feinherb vom **Weingut Sonnenhof** (leicht gekühlt servieren). 4 Nehmen Sie einen trockenen Rosè, z.B. vom **Weingut Castell Castell**, Franken, den **Rotling Qba** trocken. 5 Hier passt eigentlich nur ein **Bier** (eher malzig). 6 Zum Grünkohl passt wohl auch eher ein erfrischendes **Pils** als ein Wein.

Ostfriesischer Fehnhof, Südgeorgsfehn

1 **Südgeorgsfehner Krabbentorte an Salat**

2 **Bärlauch-Süppchen mit Roulade vom Steinbeißer**

3 **Südgeorgsfehner Deichlammrücken mit einer Kräuterkruste gegart mit bunten Bohnengemüsen und Rosmarinkartoffeln**

4 **Ostfriesische Teecreme**

1 Ein frischer und klarer Weißburgunder aus Baden harmoniert hier gut, z.B. der **Weißburgunder Kabinett** vom **Weinhaus Heger** aus Ihringen. 2 Hier würde schön ein feinfruchtiger Riesling passen (**Weingut Schloß Vollrads Riesling Qba feinherb**) 3 Zum Deichlamm würde ich mir einen Zinfandel aus Kalifornien wünschen (**Brazin Old Vin Zin, Lodi**), auch wenn er etwas weit gereist ist. 4 Ein mittelschwerer Madeira, z.B. (**Henriques & Henriques Rainwater**), wäre köstlich.

Ostfriesland Kulinarisch

1 **Kürbis-Ingwer-Süppchen mit Krabben**

2 **Gebratenes Seeteufel Filet im Kräutermantel auf Fenchel-Safran-Salat mit rosa Pfeffer und Schaum von roter Paprika**

3 **Brust von ostfriesischer Freilandgans auf Apfelrotkohl an vanillisierter Kartoffelbirne an Orangenjus**

4 **Butter-Holundereis mit Apfelkompott**

1 Die Schärfe des Ingwer und die Süße des Kürbis würde am besten von einem feinherben Riesling gespiegelt (**Weingut Baron Knyphausen, Rheingau Riesling, Qba feinherb**). 2 Hier muss ein kräftiger Weißwein als Begleiter ran. Ich würde einen weißen **Merlot** vom **Weingut Lergenmüller** dazu trinken wollen. 3 Hierzu empfehle ich Ihnen, einen kräftigen Spätburgunder zu trinken (**Spätburgunder „Mimus“ vom Weingut Heger, Baden**). 4 Hierzu den Klassiker der deutschen Dessertweine, einen Riesling Eiswein. (**Weingut Scherr, Pfalz Eiswein**).

BIO-WEINEMPFEHLUNG

Weindiele Kotzias, Westerstede -Ihorst

Capitänshaus, Spiekeroog

Hausgebeizte Meeräsche mit Kräuterrahmkartoffeln

Süppchen von heimischer Rote Bete mit Ziegenquarknocken

Küstenkabeljau auf der Haut gebraten mit jungem Spitzkohl und Zitronenpüree

Warmer Schokoladenkuchen mit Quittenkompott

Ein Chardonnay soll`s sein

Wüssten Meeräsche und Kabeljau, dass wir einen **Chardonnay** vom **Weingut Heiner Sauer** dabei trinken, während wir sie aufessen, würden Sie uns teilweise sicherlich ihren Fang verzeihen. Dieser Weißwein passt sich an alle Gänge des Menüs an, da er wenig Säure und eine schöne fruchtige Note hat, dadurch lange am Gaumen bleibt, um den Geschmack der einzelnen Gerichte zu unterstützen.

Fährhaus, Nessmersiel

Spargelmousse

Bouillabaisse

Tafelspitz vom Neßmergroder Salzwiesenkalb

Armer Ritter vom ostfriesischen Rosinenstuten

Ein Grauburgunder passt!

Salzwiesenkälber sind mit das feinste Fleisch, dass wir auf unseren Teller geben können. Um diesem Geschmack gerecht zu werden, raten wir hier zu einem feinen **Grauburgunder** aus **Rheinhessen** vom **Weingut Kühling**. Dieser Weißwein ist vollmundig und besitzt feine, fruchtige Nuancen, die das Menü perfekt abrunden.

Hotel zur Post, Wiesmoor

Rote Bete Carpaccio mit Trüffelöl und Schafskäse

Karotten-Ingwersuppe mit frischen Nordseekrabben

Weißer Heilbutt mit Wirsing, roten Linsen und Klei-Kartoffeln

Quarknocken auf ostfriesischer Bohnensupp

Hierzu empfehlen die Fachleute einen Rosé

Weißer Heilbutt – einer der göttlichsten aller Fische, dazu einen der göttlichsten aller Rosés - **Canto di Baccio** vom **Weingut La Spinosa**. Dieser italienische Wein aus der Sangiovesetraube (Chianti rosé) ist ein duftbetontes Getränk mit lebhafter, intensiver Farbgebung, die dem Ansturm der unterschiedlichsten Aromen standhalten wird.

Seekrug, Langeoog

Krabbensalat mit Sherry-Mayonnaise

Sauerampfersuppe

Rehkeulenbraten mit Holunderblütensauce

Rosenblütenparfait mit kandierten Rosenblättern

Ein kräftiger Roter und zum Abschluss einen ausgezeichneten „Appleritif"

Eine feine Rehkeule, dazu passt am besten ein fruchtig-kräftiger Rotwein **„Blaufränkisch Balance"** aus Österreich (Burgenland) vom **Weingut Schönberger**. Dieser freut sich mit seiner kräftigen Brombeernase neben dem Reh auch auf den Sauerampfer und Holunder. Besondere Erwähnung bei diesem Wein verdienen auch die extrem hohen Resveratrolwerte, die bei rund dem 150fachen eines normalen Rotweines liegen. Zum Rosenblütenparfait harmoniert natürlich perfekt der vom Feinschmecker ausgezeichnete **Appleritif mit Rosen und Holunder** – mit oder ohne Alkohol - und vielleicht sogar mit einem Spritzer Rosenbalsam.

Alte Scheune, Jheringsfehn

Ein kräftiger Roter passt!

Gratinierter Ziegenkäse auf pikantem Feigen Chutney

Apfel-Sellerie-Süppchen

Filet vom ostfriesischem Jungbullen auf Kartoffelkuchen und grünem Spargel an japanischer Buttersauce

Halbflüssiger Schokoladenkuchen

Zu diesem herrlichen Menü empfehlen wir Ihnen einen kräftigen Rotwein, die **Cuveé Revulotion** aus Österreich, vom **Weingut Zillinger**. Dieser Wein mit intensivem, fruchtigem, aber dennoch samtigem Körper, rundet die Menüfolge perfekt ab. Gleichzeitig macht der Jahrgang 2011 wieder durch seine extrem hohen Resveratrolwerte von sich reden.

Alte Brauerei, Pilsum

Ein trockener Spätburgunder ist angesagt

Flädderbeerensuppe mit Grießklöschen

Matelote vom Kabeljaufilet

Steak vom Salzwiesen Anguskalb, Steckrüben-Möhren-Kartoffelmousse und glasierte Schalotten

Sanddorn Ziegenmilcheis mit Borsumer Apfel-Zwetschgenkompott

Salzwiese, Angus, Kalb – das ist nicht mehr zu toppen. Aber wir können es gezielt begleiten mit einem trockenen **Spätburgunder** aus der Pfalz vom **Weingut Heiner Sauer**. Dieser im Antrunk noch zarte Rotwein entwickelt sich im Mund durch seine Gerbstoffe und erreicht dann die perfekte Kraft, um dem Kalb Paroli zu bieten.

Ostfriesischer Fehnhof, Südgeorgsfehn

Von fein-weiß nach kräftig-rot!

Südgeorgsfehner Krabbentorte an Salat

Bärlauch-Süppchen mit Roulade vom Steinbeißer

Südgeorgsfehner Deichlammrücken mit einer Kräuterkruste gegart mit bunten Bohnengemüsen und Rosmarinkartoffeln

Ostfriesische Teecreme

Nach einem feinen **Grauburgunder, z. B. dem vom Weingut Kühling** zu den ersten beiden Gerichten, empfehlen wir Ihnen zum Hauptgang den Umstieg auf einen kräftigen, tanninhaltigen Rotwein, der das Lamm im Zaume hält.

Das könnte ein **Crianza** aus Spanien vom Weingut **Bodegas Escalera** sein. Der Wein hat eine leichte Barriquenote und zeichnet sich durch dunkle Beerenaromen aus und wird dafür sorgen, dass das Lamm nicht vom Teller springt.

Reichshof, Norden

Ein Wein-Erlebnis!

Hausgemachte Pastete vom heimischen Rehwild mit Quitten-Ingwer-Kompott

Steckrübensuppe mit Wildklößchen und Kernöl

Rosa gebratene Nüsschen vom Lütetsburger Damhirsch an Kirsch-Pfeffersauce, Rosenkohlblättern und Mohn-Schupfnudeln

Pochierte Rotweinbirne mit Mandelzabaione und Nougatparfait

Das Menü klingt nach einem Erlebnis und beim Lesen habe ich mir überlegt, ob ich heute Abend im Reichshof essen gehe. Hier unsere „Erlebniswein"-Empfehlung: **Cabernet Mitos**, vinifiziert vom **Weingut Schäfer-Heinrich** aus Württemberg. Die Züchtung verspricht die Zukunft des deutschen Weines, da sie pilzresistent ist. Der Cabernet verfügt über die typischen Aromen und hat ein ausgeprägtes südländisches Flair. Einer der wenigen Rotweine, der rotes Fruchtfleisch hat – also aufgepasst beim Kleckern!

Ostfrieslandmahle

(Beispiel: Menü „Alter Brunsel", Steinhaus Bunderhee)

Ein leichter Rosè

Schwarzbrot mit verschiedenen Gemüsedips

Pastinaken-Apfelsuppe mit Thymian

Polder - Zicklein mit Couscous oder orientalische Gemüsepfanne

Winterliche Blattsalate

Götterspeise von ostfriesischem Landbier mit Vanillesauce

Grenzlandkäse mit Grünkohlpesto

Das Hauptgericht mit seinem frischen, zarten Fleisch des Zickleins verlangt nach einem leichten Wein, um den Geschmack nicht zu dominieren. Wir würden für Sie einen Rosé aus einer Zweigelttraube öffnen. Dieser Wein, **Faktotum rosé**, aus Österreich vom **Weingut Weiss** ist unter anderem histaminfrei und besticht durch seine Mineralität, seine Frische und Spritzigkeit.

Ostfriesland Kulinarisch

(Vier Köche, ein Herd – Beispiel in der Alten Scheune)

Ein Sauvignon Blanc fürs Erste Ein Tempranillo fürs Zweite

Kürbis-Ingwer-Süppchen mit Krabben

Gebratenes Seeteufel Filet im Kräutermantel auf Fenchel-Safran- Salat mit rosa Pfeffer und Schaum von roter Paprika

Brust von ostfriesischer Freilandgans auf Apfelrotkohl an vanillisierter Kartoffelbirne an Orangenjus

Butter-Holundereis mit Apfelkompott

Zwei ganz unterschiedliche Hauptgerichte verlangen auch zwei Weine. Lassen wir den Seeteufel noch einmal schwimmen – in **Sauvignon Blanc** vom Weingut Heiner Sauer aus der Pfalz. Dieser gehaltvolle, vielschichtig in den Aromen und außerdem feine Weißwein unterstützt die Brataromen des Fisches. Die Gans verlangt nach einem kräftigeren roten Wein. Der **Bobal y Tempranillo** aus Spanien vom Weingut **Bodegas Palmera** erfüllt diese Kriterien. Dieser betont die Fruchtanteile des Hauptganges durch seine eigenen und begleitet perfekt durch seine kräftige Tanninstruktur. Hier darf der Koch ruhig ordentlich würzen – der Wein wird das aushalten.

KÜCHENLATEIN

Jetzt mal Klartext

Alle Rezepte in diesem Buch sind für vier Personen gedacht, wenn nichts anderes angegeben ist

Agar Agar: Statt Gelatine, die ja ein tierisches Produkt aus dem Rückenmark ist, kann man sehr gut Agar Agar verwenden, ein pflanzliches, geschmacksneutrales Geliermittel, das aus Algen gewonnen wird. 2 g Agar Agar oder ein gestrichener Teelöffel entsprechen 6 Blatt Gelatine und geliert 500 ml Flüssigkeit.

Blanchieren: von französisch blanchir, „weiß machen" oder auch Brühen, Überbrühen, Abwällen, ist die Bezeichnung für das kurzzeitige Eintauchen von Lebensmitteln in kochendes Wasser. Anschließend empfiehlt es sich, das Gargut, besonders Gemüse, in Eiswasser abzuschrecken. Dadurch behält es Farbe, Geschmack und Struktur.

Brunoise: sehr klein geschnittenes Gemüse, 1 – 2 mm, besonders geeignet für Suppen und Saucen.

Drillinge: Kleine oder Feldsorten bei Kartoffeln, wenn die Größe unter der festgelegten Norm liegt. Drillinge haben einen Durchmesser von 25 – 40 mm, je nach runder oder ovaler Form. Die Sorte spielt bei der Bezeichnung keine Rolle.

Farce: aus dem französischen = Einlage aus verschiedenen Zutaten für Fleisch- oder Fischgerichte.

Gardemanger: Koch der Kalten Küche, zuständig für die Vorbereitung von Fischen, Muscheln, Krustentieren, Geflügel, Wild und die Herstellung von Pasteten und Terrinen. In kleinen Betrieben auch zuständig für alle Vorspeisen.

Kinnertöön: Ostfriesische Spezialität, die gereicht wird, wenn Gratulanten zur Geburt eines Kindes vorbeischauen. Wird etwa sechs Wochen vor dem Geburtstermin angesetzt (s. Rezept Hotel zur Post).

Matelote: eine cremige Fischsuppe oder eine cremige Fischsoße.

Panierung: Zwischen Panierung und Panade besteht ein erheblicher Unterschied. Panierung aus dem französischen paner – „mit einer Hülle aus Paniermehl versehen": Bratgut wälzen in Mehl – geschlagenes und gewürztes Ei – Paniermehl, dann in schwimmendem Fett backen. Panade: aus dem französischem „Brotbrei" gilt als Bindemittel aus Brot, Mehl oder Reis für Füllungen. Panaden werden immer kalt angewendet.

Panko-Paniermehl: aus dem japanischen „Brotmehl", wird aus Weißbrot ohne Kruste hergestellt. So ist es heller und luftiger als unsere Semmelbrösel. Die Speisen werden dadurch knuspriger. Die Zutaten bestehen meist aus Weizenmehl, Maisstärke, gehärtetem Palmöl, Stärke aus der Maniokwurzel, Salz, Zucker und Trockenhefe.

Parieren: heißt das Befreien von Sehnen, Fett, Haut oder nicht essbaren Teilen bei Fisch oder Fleisch. Die abgetrennten Teile heißen Parüren und können zum Auskochen für Fonds, Suppen oder Saucen verwendet werden.

Zesten (z.B. Zitronen- oder Orangenzeste): hauchdünne Scheibchen der äußeren Schale von ungespritzten Zitrusfrüchten.

Zur Rose abziehen: punktgenaue Konsistenz einer meist langsam im Wasserbad erhitzten Eigelbmasse. Um die richtige Konsistenz zu bestimmen, taucht man einen Löffel in die Eigelbmasse und pustet leicht auf den Löffelrücken. Hat man den richtigen Zeitpunkt erreicht, bilden sich Wellen oder Rosenmuster.

Quelle: Unsere Köche und mit Unterstützung von www.lebensmittellexikon.de

WICHTIGE PRODUKTKENNZEICHNUNGEN

● **Bio-Siegel**
Das Bio-Siegel ist die deutsche Kennzeichnung für ökologisch erzeugte Produkte, die den Anforderungen der EG-Öko-Verordnung gerecht werden. Dieses Zeichen wird teilweise zusammen mit anderen Kennzeichnungen verwendet, beispielsweise von Handelsmarken oder Anbauverbänden. www.bio-siegel.de

▲ **Demeter – Lebensmittel aus ökologischem Landbau**
Der Verband fördert die biologisch-dynamische Wirtschaftsweise, die auf Impulse von Rudolf Steiner zurückgeht. Strenge Richtlinien regeln die Erzeugung und die Verarbeitung von Lebensmitteln. www.demeter.de

▲ **Biopark – Lebensmittel aus ökologischem Landbau**
„Qualität statt Quantität" heißt der oberste Grundsatz des Verbandes, dem fast 700 Mitgliedsbetriebe in 15 Bundesländern angehören. Auf Initiative dieses Verbandes wurde die erste gentechnikfreie Region in Deutschland gegründet. www.biopark.de

■ **Marine Stewardship Council (MSC) – Fische aus bestandserhaltender Fischereiwirtschaft**
Um die globalen Fischbestände langfristig zu sichern, hat der MSC zusammen mit Fischereiexperten und Umweltschutzorganisationen Standards für eine nachhaltige Fischerei erarbeitet. www.msc.org/de

● **EU-Label Ökologischer Landbau**
Das EU-Label Ökologischer Landbau kennzeichnet ebenfalls Lebensmittel, die nach den Anforderungen der EG-Öko-Verordnung angebaut wurden. Es trägt eine der Aufschriften „Ökologischer Landbau" oder „Biologische Landwirtschaft". Diese Kennzeichnung ist – im Gegensatz zur Kontrollnummer – freiwillig. www.organic-farming.eu

▲ **Naturland – Lebensmittel aus ökologischem Landbau, inklusive Fische aus Aquakulturen**
Verbandsrichtlinien schließen die soziale Verantwortung ein, der Verband unterstützt international vor allem Kleinbauernfamilien und fördert ökologischen Anbau weltweit. www.naturland.de

■ **EcoVin – Wein aus ökologischem Landbau**
Zu den Grundsätzen des ökologischen Weinbaus gehören nach den Richtlinien des Bundesverbandes ökologischer Weinbau e. V. unter anderem die Erhaltung und Steigerung der natürlichen Bodenfruchtbarkeit, die Förderung der Artenvielfalt und auch die Schaffung einer sicheren Existenz auf der Basis befriedigender Lebensbedingungen. www.ecovin.de

■ **Neuland – Fleisch und Fleischprodukte aus artgerechter und umweltschonender Nutztierhaltung**
Eine qualitätsorientierte, tiergerechte und umweltschonende Tierhaltung steht bei Neuland-Höfen im Vordergrund. Ökologisch produziertes Futter ist nicht vorgeschrieben. www.neuland-fleisch.de

▲ **Bioland – Lebensmittel aus ökologischem Landbau**
Neben strengen Verbandsrichtlinien für den Pflanzenbau und die Tierhaltung ist auch die Weiterverarbeitung der Rohstoffe geregelt. www.bioland.de

▲ **Gäa – Lebensmittel aus ökologischem Landbau**
Die Zertifizierung wird durch eine Anerkennungskommission geprüft, die aus verschiedenen Interessengruppen zusammengesetzt ist. www.gaea.de

■ **FairTrade**
Dieses Siegel zeichnet Produkte mit Mindestpreisen oberhalb des Weltmarktniveaus aus, die den Produzentenfamilien zugutekommen. Die Einhaltung der Anforderungen wird durch unabhängige Kontrollen überprüft. Das FairTrade-Label berücksichtigt neben sozialen auch ökologische Kriterien. Es gibt einen ökologischen Mindeststandard und einen fortgeschrittenen Standard mit strengeren ökologischen Kriterien, der den Betrieben eine Annäherung an biologische Landwirtschaft ermöglicht. Dieses Siegel gibt es für Lebensmittel, Textilien und Blumen. www.transfair.org

■ **Rainforest Alliance – Kakao, Kaffee, Tee, Zitrusfrüchte, Bananen, Grünpflanzen und Blumen, die unter Berücksichtigung ökologischer und sozialer Anforderungen angebaut werden**
Zu den Zielen der Rainforest Alliance gehören der Erhalt der Artenvielfalt, die nachhaltige Sicherung des Lebensunterhalts sowie die Veränderung von Anbaumethoden, Managementpraktiken und Konsumentenverhalten. www.rainforest-alliance.org

● Staatliches Bio-Siegel und Kennzeichen der Europäischen Union
▲ Labels der Anbauverbände
■ Produktgruppenspezifische Kennzeichen

WANN GIBT ES WAS?

OBST

	Januar	Februar	März	April	Mai	Juni	Juli	August	September	Oktober	November	Dezember
Äpfel	Lager	Lager	Lager	Lager	Lager			Freiland	Freiland	Freiland	Lager	Lager
Aprikosen							Freiland	Freiland				
Birnen	Lager							Freiland	Freiland	Lager	Lager	Lager
Brombeeren								Freiland	Freiland	Freiland		
Erdbeeren					geschützter Anbau	Freiland	Freiland	Freiland	Freiland	geschützter Anbau		
Heidelbeeren							Freiland	Freiland				
Himbeeren						geschützter Anbau	Freiland	Freiland				
Johannisbeeren						Freiland	Freiland	Freiland				
Kirschen, sauer							Freiland	Freiland				
Kirschen, süß						geschützter Anbau, Freiland	Freiland	Freiland				
Mirabellen							Freiland	Freiland				
Pfirsiche							Freiland	Freiland				
Pflaumen								Freiland	Freiland			
Quitten										Freiland	Freiland	
Stachelbeeren							Freiland	Freiland	Freiland			
Tafeltrauben								Freiland	Freiland	Freiland		

GEMÜSE

	Januar	Februar	März	April	Mai	Juni	Juli	August	September	Oktober	November	Dezember
Blumenkohl				geschützter Anbau	Freiland	Freiland	Freiland	Freiland	Freiland	Freiland	Freiland	
Bohnen							Freiland	Freiland	Freiland	Freiland		
Brokkoli					Freiland	Freiland	Freiland	Freiland	Freiland	Freiland	Freiland	
Chicorée	Lager	Lager	Lager	Lager	Lager	Lager	Lager	Lager	Lager	Lager	Lager	Lager
Chinakohl	Lager	Lager	Lager	Lager	geschützter Anbau	Freiland	Freiland	Freiland	Freiland	Freiland	Freiland	Lager
Grünkohl	Freiland	Lager								Freiland	Freiland	Freiland
Gurken: Salat-, Minigurken		geheizt	geheizt	geheizt, ungeheizt	geheizt, ungeheizt	geheizt, ungeheizt	geheizt, ungeheizt	geheizt, ungeheizt	geheizt, ungeheizt	geheizt, ungeheizt		
Gurken: Einlege-, Schälgurken						Freiland	Freiland	Freiland	Freiland			
Erbsen						Freiland	Freiland	Freiland	Freiland	Freiland		
Kartoffeln	Lager	Lager	Lager	Lager	Lager	Lager, Freiland	Lager, Freiland	Lager, Freiland	Lager, Freiland	Lager, Freiland	Lager, Freiland	Lager
Knollenfenchel						Freiland	Freiland	Freiland	Freiland	Freiland	Freiland	
Kohlrabi					geschützter Anbau, Freiland	Freiland	Freiland	Freiland	Freiland	Freiland	ungeheizt	

Sehr geringe Klimabelastung:

Freilandprodukte

Geringe bis mittlere Klimabelastung:

„Geschützter Anbau" (Abdeckung mit Folie oder Vlies, ungeheizt)

Lagerware

Produkte aus ungeheizten oder schwach geheizten

Hohe Klimabelastung:

Produkte aus geheizten Gewächshäusern

	Januar	Februar	März	April	Mai	Juni	Juli	August	September	Oktober	November	Dezember
Kürbis	📦	📦	📦						☀	☀	☀	📦
Möhren	📦	📦	📦	📦	📦	📦 ☀	☀	☀	☀	☀	☀	📦
Pastinaken	📦	📦	📦	📦					☀	☀	☀	📦
Porree	☀ 📦	☀ 📦	☀ 📦	☀	☀	☀	☀	☀	☀	☀	☀	☀
Radieschen				◠	☀	☀	☀	☀	☀	☀	☀	
Rettich	📦	📦	📦	📦	☀ 📦	☀	☀	☀	☀	☀	☀	📦
Rhabarber			◠	☀	☀	☀	☀					
Rosenkohl	☀ 📦	☀ 📦	📦							☀	☀	☀
Rote Bete	📦	📦	📦	📦	📦	☀	☀	☀	☀	☀	☀	📦
Rotkohl	📦	📦	📦	📦	📦	📦 ◠	☀	☀	☀	☀	☀	📦
Schwarzwurzel	📦	📦	📦						☀	☀	☀	📦
Sellerie: Knollensellerie	📦		📦	📦	📦	📦	☀	☀	☀	☀	☀	📦
Sellerie: Stangensellerie					☀	☀	☀	☀	☀	☀	☀	
Spargel				☀ ◠	☀	☀						
Spinat				☀	☀	☀	☀	☀	☀	☀	☀	
Spitzkohl	📦	📦			◠	☀	☀	☀	☀	☀	☀	📦
Steckrüben (Kohlrüben)	📦	📦	📦						☀	☀	☀	📦
Tomaten: geschützter Anbau						◠	◠	◠	◠			
Tomaten: Gewächshaus			🏠	🏠	🏠 ⌂	🏠 ⌂	🏠 ⌂	🏠 ⌂	🏠 ⌂	🏠 ⌂	🏠	
Weißkohl	📦	📦	📦	📦	📦 ◠	📦 ◠	☀	☀	☀	☀	☀	📦
Wirsingkohl	📦	📦	📦	📦	📦	◠	☀	☀	☀	☀	☀	📦
Zucchini						◠	☀	☀	☀	☀		
Zuckermais								☀	☀	☀		
Zwiebeln	📦	📦	📦	📦	📦	📦 ◠	☀	☀	☀	☀	📦	📦
Zwiebeln: Bund-, Lauch-, Frühlings-				☀ ◠	☀	☀	☀	☀	☀	☀	☀	
SALATE												
Eissalat					☀ ◠	☀	☀	☀	☀	☀		
Endiviensalat					☀ ◠	☀	☀	☀	☀	☀	☀	
Feldsalat	◠	◠	◠	◠	☀	☀	☀	☀	☀	☀	☀ ◠	◠
Kopfsalat, Bunte Salate			⌂	◠	☀ ◠	☀	☀	☀	☀	☀	⌂	
Radiccio						☀	☀	☀	☀	☀	☀	
Romanasalate					☀ ◠	☀	☀	☀	☀	☀	☀	
Rucola (Rauke)				◠	☀	☀	☀	☀	☀	☀	☀	

„Saisonkalender Heimisches Obst und Gemüse, www.verbraucherzentrale.de

ADRESSEN UND BEZUGSQUELLEN

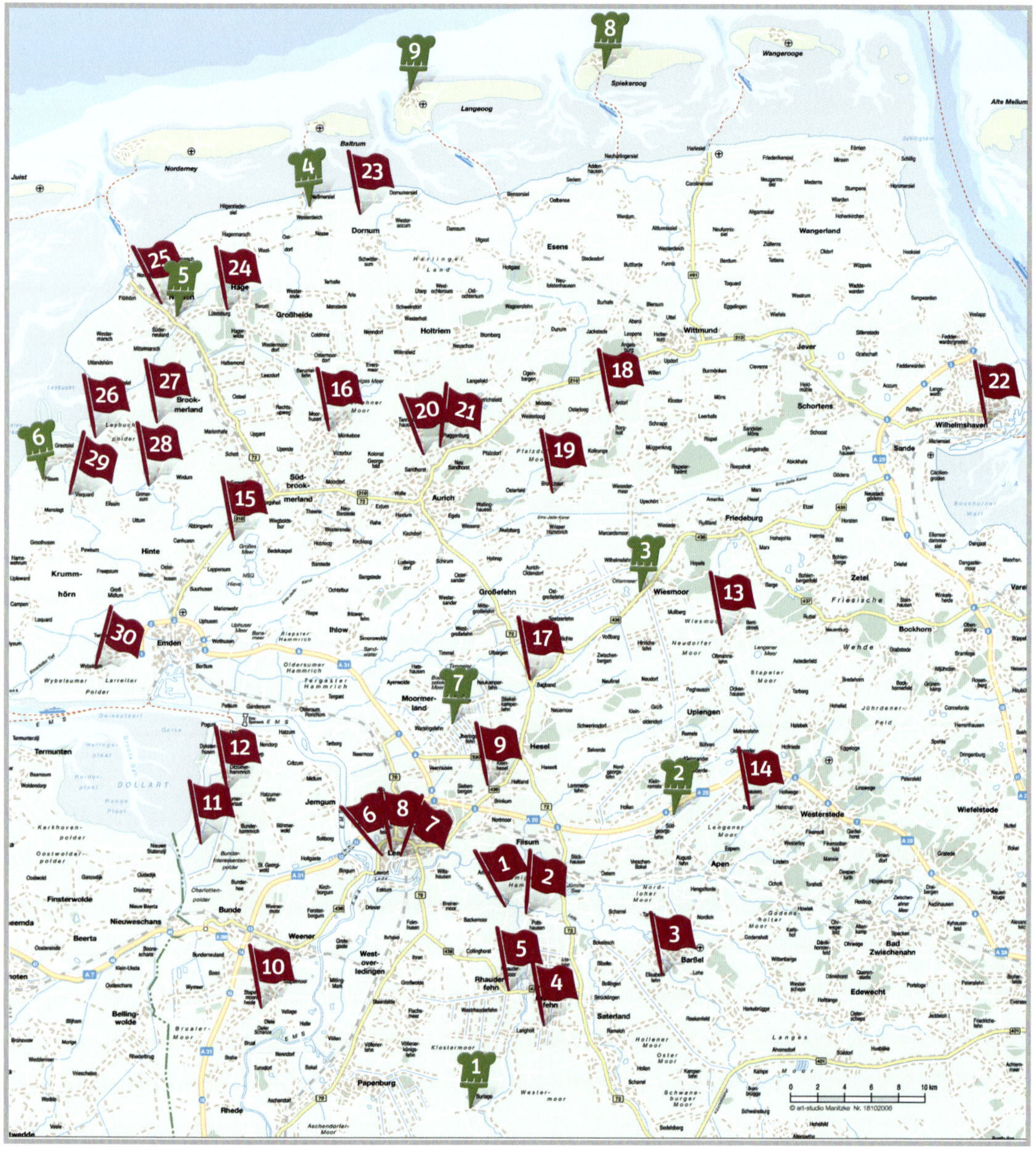

Gastronomiebetriebe:

1 Cateringunternehmen und Veranstaltungshaus Alter Brunsel
Christine Wölke
Alter Brunsel 8
26817 Rhauderfehn
04967 914060
mail@alter-brunsel.de
www.alter-brunsel.de

2 Ostfriesischer Fehnhof
Helma und Ayelt Peters
Südgeorgsfehner Straße 85
26670 Uplengen
04489 2779
fehnhof@t-online.de
www.fehnhof.de

3 Hotel zur Post
Monika und Erich Wagner
Am Rathaus 6
26639 Wiesmoor
04944 91060
info@hotelzurpost-wiesmoor.de
www.hotelzurpost-wiesmoor.de

4 Fährhaus Nessmersiel
Anja und Maximilian Eberleh
Hotel, Restaurant, Café
Dorfstr. 42
26553 Nessmersiel-Gemeine Dornum
info@faehrhaus-nessmersiel.de
www.Faehrhaus-Nessmersiel.de

5 Romantik Hotel-Restaurant Reichshof
Familie Franke und Haver
Neuer Weg 53
26506 Norden
04931 175-0
rezeption@reichshof-norden.de
www.reichshof-norden.de

6 Alte Brauerei
Jürgen Itzenga
An der alten Brauerei 2
26736 Krummhörn-Pilsum
04926 912915
alte-brauerei-pilsum@t-online.de
www.alte-brauerei-pilsum.de

7 Alte Scheune Jheringsfehn
Maren Fähmel-Blumenberg und Sascha Fähmel
Westerwieke 154
26802 Moormerland
04954 1858
info@altescheune.de
www.altescheune.de

8 Capitänshaus Spiekeroog
Ralf van Borshum
Norderloorg 11
26474 Spiekeroog
04976 990016
info@capitaenshaus-spiekeroog.de

9 Panorama Restaurant Cafe Seekrug
Familie Recktenwald
Höhenpromenade 1
26465 Langeoog
04972 383
Seekrug_Langeoog@t-online.de
www.seekrug.de

Produzenten, Verarbeiter, Handel, Vereine:

1 Biolandhof Freese Hofladen, Wochenmarkt
Hilde und Heiko Freese GbR
Batzenweg 30
26817 Rhauderfehn
04952 7970
info@biolandhof-freese.de
www.biolandhof-freese.de

2 Landleckereien
Chutneys, Dips, Saucen, Relishes
Anne und Eibo de Vries
Alte Weide 1
26817 Rhauderfehn
04952 8908363
devries@landleckereien.de
www.landleckereien.de

3 Reinhard Lühring, Biologische Saatgutvermehrung und –züchtung
Schatteburger Str. 25
26817 Rhauderfehn
04952 828401
r.luehring@gmx.net

4 Verein Appelhoff
Johannes Bolland
Kirchstraße 179
26842 Ostrhauderfehn
info@verein-appelhoff.de
www.verein-appelhoff.de

5 Die Regionalerie
Regionale Produkte
Janna Wölke
Untenende 46
26817 Rhauderfehn
04952 9974720
info@regionalerie.de
www.regionalerie.de

6 Nordsee-Lamm
Lammfleisch und -wurst
Uwe Brahms
Norder Straße 28
26789 Leer
04912858
info@nordsee-lamm.de
www.nordsee-lamm.de

7 Wein Wolff
J.W. Wolff GmbH
Rathausstr. 16 – 18
26789 Leer
0491 925230
shop@wein-wolff.de
www.wein-wolff.de

8 Bünting Teehandelshaus GmbH & Comp.
Brunnenstr. 37
26789 Leer
0491 8080
info@thh.buenting.de
www.buenting-tee.de

9 Wallhecken-Umwelt-Zentrum Ostfriesland
Feldstraße 11
26789 Leer
Telefon 0491-4541275,
info@wuz-leer.de
www.wallhecken.de

10 ONNO e.V.
Große Stiege 34
26826 Weener
04951 4367
info@onno-net.de
www.onno-net.de

11 Naturlandhof Achter`d Diek
Kartoffeln
Mechthild und Wilko de Boer
Heinitzpolder 19
26831 Bunde-Dollart
04959 245
wilko.de.boer@t-online.de

12 Polderziegen
Ziegenkäse
Conchita Rappard
Ditzumerhammrich 51
26831 Bunde-Dollart
04959 915555
polderziegen@gmail.com

13 Heikes Moorhof
Schafkäse
Beenstreeter Schulweg 1
26446 Friedburg
04956 912803
info@heikes-moorhof.de
www.heikes-moorhof.de

14 Weindiele Kotzias
Lothar Kotzias
Lange Wischen 10
26655 Westerstede-Ihorst
04489 94109-0
kotzias@weindiele.de
www.weindiele.de

15 Klein Burhafe
Welsh Black Rinder
Hanne Holi
Emder Str. 63
26624 Südbrookmerland
04942 912965
info@kleinburhafe.de
www.kleinburhafe.de

16 Slow Food Convivium Ostfriesland
Regina Fette
Im Timp 5
26624 Münkeboe
04942 4561
ostfriesland@slowfood.de

17 Ostfriesen Bräu
René Krischer
Voerstad 8
26629 Großefehn- Bagband
04946 203
post@ostfriesenbraeu.de
www.ostfriesenbraeu.de

18 Krüderee
Ostfriesischer Aroma- und Kräutergarten
Helga Flade-Peters
Spekendorfer Kirchweg 29
26607 Aurich-Middels
info@kruederee.de
www.kruederee.de

19 Erzeugergemeinschaft Auricher Eier
Posselt & Partner OHG
Düvelsmeerweg 5
26605 Aurich
auricher-eier@t-online.de
www.auricher-eier.de

20 Lorenz-Bäcker Victorbur GmbH
Dornumer Straße 24
26607 Aurich-Sandhorst
info@lorenz-baecker-victorbur.de
www.lorenz-baecker-victorbur.de

21 Auricher Süssmost
Markus Meenen
Kreihüttenmoorweg 11
26607 Aurich
info@auricher-suessmost.de
www.auricher-suessmost.de

22 Nationalparkverwaltung
Niedersächsisches Wattenmeer
Virchowstr. 1
26382 Wilhelmshaven
www.nationalpark-partner-wattenmeer-nds.de

23 Adrianenhof
Salzwiesenkalb
Jens Behrends
Neßmergroder Weg 20
26553 Neßmergrode
04933 2258
Adrianenhof@ewetel.net
www.adrianenhof.de

24 Gräflich zu Knyphausen`sches Rentamt
Jagd und Wildfleisch
Tido Graf zu Inn-und Knyphausen
Landstr. 55
26524 Lütetsburg
04931 4255
info@rentamt-luetetsburg.de
www.rentamt-luetetsburg.de

25 Fleischerei Ilschner
Norddeicherste. 152
26506 Norden
04931 3297
ilschner@profifleischer.de
www.ilschner.profifleischer.de

26 Fischereibetrieb Siebrands GmbH u. CoKG
Kleinbahn Straße 23
26736 Krummhörn-Greetsiel
04926 372
info@siebrandsfisch.de
www.siebrandsfisch.de

27 Biolandhof Agena
Hofladen, Abo-Kiste, Wochenmarkt
Garrelt Agena
Hagenpolder 1
26736 Krummhörn
04920 318
info@bioland-hof-agena.de
www.bioland-hof-agena.de

28 Biolandhof Lüttje Plaat
Käserei
Elsa Neemann
Deichstr. 2
26736 Krummhörn-Eilsum
04920 91086-0
info@luettje-plaats.de
www.luettje-plaats.freerk.com

29 Käsehof Berkhout
Claudia Berkhout
Tjücherweg 1
26736 Krummhörn-Pilsum
04926 307
berkhout-kaesehof@t-online.de
www.kaesehofladen.de

30 Hof am Dollart-Demeterhof
Karl-Heinz und Elke Kehl
Hofladen, Abo-Kiste, Wochenmarkt
Kloster-Langen Str. 19
26723 Emden- Wybelsum
04921 65454
info@hof-am-dollart.de
www.hof-am-dollart.de

QUELLENANGABE & SPONSOREN

Literatur

Fleischer, Michael: Fontane auf Norderney. Briefe an seine Frau, Soltausche Buchdruckerei und Verlag, Norderney 1995

Haddinga, Johann: Das Buch vom ostfriesischen Tee, Verlag Schuster, 2. Auflage Leer 1986

Küster, Hansjörg/ Volz, Wolfgang: Natur wird Landschaft – Niedersachsen, zu Klampen Verlag Lüneburg 2005

Meyer-Deepen, J/ Meijering, Meertinus P.D.: Spiekeroog, Geschichte einer ostfriesischen Insel, Verlag: Kurverwaltung Nordseeheilbad Spiekeroog, 1989

Ostfriesische Landschaft (Hrsg.): Ostfriesland: Natur, Landschaft, Menschen, Schicksale. Ein Lesebuch, Schlütersche Verlagsanstalt, Hannover 1984

Wein Wolff: „Was sich Wolff und Samson erzählen", Die Geschichte einer ostfriesischen Kaufmannsfamilie, Familienchronik Leer 2009

Quellenangaben – im Text jeweils gekennzeichnet durch *

Seite 10: Titel „The Art of....; Küster/ Volz a.a.O. S. 26

Seite 27: „Was sich Wolff und Samson..."; Chronik der Familie Wolff, a.a.O. S. ??

Seite 28: Titel „Dat is.....; Haddinga a.a.O. S. 112/ 113

Seite 30: „Die ostfriesische Teezeremonie..."; Haddinga a.a.O. S. 51

Seite 31: Zitat „Die Sachsen....; Haddinga a.a.O. S. 156

Seite 31: „Teezwieback; Haddinga a.a.O. S. 81

Seite 28 bis 31: Bildnachweis; Bünting Unternehmensgruppe, Leer

Seite 50: Text „Die Wallhecken"; Dipl.-Ing. Susanne Sander-Seyfert, Backemoor, Schutzgemeinschaft Wallheckenlandschaft Leer e. V.

Seite 59: „...ostfriesische Braukultur"; Haddinga a.a.O. S. 24

Seite 63: „Kleine Saftkunde"; http://eatsmarter.de/magazin/thema-des-tages/vitamine-glas-kleine -saftkunde/

Seite 78: „Lütetsburg"; Theodor Fontane; Hrsg. Ostfriesische Landschaft a.a.O. S. 302

Seite 104: Text „Das Wattenmeer"; Nationalparkverwaltung Niedersächsisches Wattenmeer, Wilhelmshaven

Seite 106/ 107: „Die Inseln"; Fleischer, a.a.O.

S. 110: Meyer-Deepen/ Meijering a.a.O. S. 89 ff

Seite 114: Langeoog; Transfair e.V: www.fairtrade-town.de

Seite 122: Bildnachweis Steinhaus, Bunderhee: Dr. Bärenfänger, Ostfriesische Landschaft, Aurich

Seite 123: Text ab „Es ist etwas besonderes...."; Nils Thorweger, Ostfriesenzeitung

Seite 137: Produktkennzeichnungen www.nachhaltiger-waren-korb.de.

Seite 138: Wann gibt es was? www.verbraucherzentrale.de

Wir danken herzlich für finanzielle Unterstützung

Fehnstiftung der Volksbank eG Westrhauderfehn

Bünting Unternehmensgruppe

Nationalparkverwaltung Niedersächsisches Wattenmeer

AG Reederei Norden-Frisia

DEHOGA Ostfriesland